人工智能时代

杨爱喜　卜向红　严家祥◎著

未来已来

人民邮电出版社
北京

图书在版编目（CIP）数据

人工智能时代 ：未来已来 / 杨爱喜，卜向红，严家祥著. -- 北京 ：人民邮电出版社，2018.4
ISBN 978-7-115-48009-5

Ⅰ. ①人… Ⅱ. ①杨… ②卜… ③严… Ⅲ. ①人工智能 Ⅳ. ①TP18

中国版本图书馆CIP数据核字(2018)第039628号

内 容 摘 要

本书深入浅出地介绍了人工智能历史和技术，对现阶段人工智能技术的应用成果进行了展示、解读，让读者在详细了解人工智能发展历史的基础上，清晰认知人工智能的关键技术。本书适合人工智能研究者，以及对人工智能感兴趣的读者阅读。

◆ 著　　　　杨爱喜　卜向红　严家祥
　责任编辑　赵　娟
　责任印制　彭志环
◆ 人民邮电出版社出版发行　　北京市丰台区成寿寺路 11 号
　邮编　100164　　电子邮件　315@ptpress.com.cn
　网址　http://www.ptpress.com.cn

◆ 开本：880×1230　1/32
　印张：9.25　　　　　　　　2018 年 4 月第 1 版
　字数：154 千字　　　　　　2018 年 4 月河北第 1 次印刷

定价：49.80 元

读者服务热线：(010)81055488　印装质量热线：(010)81055316
反盗版热线：(010)81055315
广告经营许可证：京东工商广登字 20170147 号

前 言

人工智能时代，谁主沉浮

2017 年 11 月 15 日，“新一代人工智能发展规划暨重大科技项目”启动会在北京召开，公布了首批国家人工智能开放创新平台名单：依托百度公司建设自动驾驶国家人工智能开放创新平台；依托阿里云公司建设城市大脑国家人工智能开放创新平台；依托腾讯公司建设医疗影像国家人工智能开放创新平台；依托科大讯飞公司建设智能语音国家人工智能开放创新平台。

这四家平台被称为“中国人工智能国家队”，将协力开拓中国人工智能新时代。

其实，早在 2017 年 7 月，《新一代人工智能发展规划》（以下简称《规划》）颁布，就确立了我国新一代人工智能发展“三步走”的战略目标。《规划》中提出到 2020 年，人工智能总体技术和应用与世界先进水平同步，人工智能产业成为新的重要经济增长点。到 2025 年，人工智能成为带动我国产业升级和经济转型的主要动力，智能社会建设取得积极进展。到 2030 年，人工智能理论、技术与应用总体达到世界领先水平……

不仅是中国，整个世界已经沉浸于人工智能的热潮中。除各国的政府机关外，世界领先的科技公司也纷纷向人工智能领域发起了“进攻”。

IBM 公司在商用人工智能领域进行了广泛的探索。基于 Watson 系统，IBM 公司力图打造全面覆盖的人工智能商用网络。而以 Google（谷歌）公司为首的科技巨头，在语音识别、图像识别、深度学习等技术方面，已经取得了显著的成绩。智能语音识别系统和图像识别系统将让人类生活产生翻天覆地的变化。深度学习技术的应用将会使智能机器越来越接近人类，甚至在许多领域超越人类。

本书从人工智能的发展历史讲起，讲述人工智能的核心技术、人工智能发展的现状及未来。阅读本书，读者可以了解人工智能的昨天、今天和明天。

人工智能将会改变我们的生活，变革社会的运行规律。但对于人工智能的未来，人类还存在着太多的未知。虽然在技术层面，人类正在不断突破层层壁垒，但在具体的应用以及未来人工智能的影响方面，人类仍然面对着重重迷雾。

人工智能究竟能够为我们的生活带来什么？现阶段，我们看到了人工智能技术带给我们的便利，但在未来，人工智能技术的进一步发展可能会对我们的生活带来威胁。这是“人工智能威胁论”，同时也是摆在人类面前的一个重要课题。

我们在关注人工智能带来的好处的同时，对其可能会给人类带来的危害，同样需要保持高度的警惕。科幻电影中常有关于人工智能与人类未来的内容。人工智能威胁人类生存是科幻电影的一个主题。虽然结局都是顽强的人类战胜了人工智能，但是现实是否真的如科幻电影一样呢？

在人工智能时代，任何一个人都不能够置身其外。对于企业来说，人工智能是其重要的发展领域，谁能够先行入场，谁就能占据竞争的优势。对于个人来说，人工智能不只是一项高深的科学技术，它更是一项与我们的生命、生活息息相关的技术。

这是一本人工智能时代的指南书，在深入浅出地介绍人工智能的历史的同时，对现阶段人工智能技术的应用成果进行解读。让读者在详细了解人工智能发展历史的同时，对人工智能所涉及的关键技术有清楚的认识，从而能够更好地理解和应用人工智能技术为自己服务。人类与人工智能之间可能产生的一些“矛盾”，本书也进行了集中讲述，读者能够借此更好地理解人工智能对人类生存发展的意义。

打开此书，走进你的人工智能时代吧！

目 录

第一章 人工智能，世界的未来是「三体」

一台像人一样思考的机器

机器可以像人一样思考吗？在计算机诞生之初，便有科学家开始研究这个课题，但到现在也没有定论。随着人工智能技术的不断发展，我们相信让机器像人一样思考将成为现实，但我们还有很长的路要走。

让机器像人一样思考，并不是指机器可以完成复杂的计算，完成一些基础的人类工作。而是指机器可以具有与人相同，甚至是超越人类的“意识”，而通过这种意识，机器可以进行自己的思考。这并不是一件简单的事，在我们经历过的计算机时代，这件事并没有实现，但从人工智能技术的发展现状来看，这一想法在未来是可以实现的。

前面我们所论述的这些内容，实际上所说的就是人工智能研究的问题。从简单的事情说起，现在很多机器和程序能够完成人类无法完成的复杂计算，记录大量数据信息，甚至还可以完成很多人类无法动手完成的工作，但实际上，这并不是真正的人工智能所研究的问题。

正如前面所说的让机器像人一样思考，真正的人工智能所研究的正是机器人的智能问题。在现实世界中，我们可以进行计算、记忆，同时还可以对一些事情做出简单的反应。现在人类与机器的不同就在于，人类在处理一件事情的同时还可以处理很多不确定的事情，也就是说人类可以通过自己的思考，随时对周围的环境变化做出应对，完成多种不确定的工作。

真正的人工智能应同样具备这种能力，通过感知周围环境的变化，随时做出相应的反应，从而不断调整自己的行为，最终更好地完成工作。同时，具备人工智能技术的机器还需要拥有深度学习的能力，让程序不断地进化，让自身拥有与人类一样，甚至超越人类的思考能力、情感与性格。

但是这种事情真的能实现吗？人工智能真的能让机器像人一样思考吗？想要解决这个问题，我们首先需要了解一下人类是怎样进行思考的。

人体总共拥有 40 万亿～ 60 万亿个细胞，人类大脑是由连接着 1000 亿个神经元和 100 万亿个神经突触组成的网络，这些神经突触和神经元的状态每秒都会改变 10 ～ 100 次，而神经细胞的神经冲动传递速度超过 400 千米 / 小时。为什么要列举这样一堆数据呢？我们知道大脑是人类意识的产生地，想要让机器像人类一样学会思考，就需要模仿人类大脑，为机器创造一个大脑。

那么开展人工智能研究的科学家就需要面对这样一个问题：如何让机器具备人类大脑的功能呢？如果单从运算速度上来看，机器早已超过了人脑，而一台拥有 100 万亿字节的超级计算机的运算速度是人脑的 1 亿倍。因此机器具有超强的计算分析能力，但即使如此，机器也仍然无法拥有自己的“思考能力”。

可能很多人认为现在的人工智能技术已经能够让机器像人一样思考了，如苹果的 Siri、微软的小冰等都可以与人类对话，或是进行思考活动。聊天是人类希望机器能够实现的重要行为之一，微软也认为未来的人机界面将会转变为对话界面，并提出了“对话即平台”的概念。

虽然人工智能在技术上已经取得了很大的突破，但即使是目前最好的对话机器人也没有办法让人们感觉到它是一个具有稳定性格和情感的“人”，现阶段如何让机器人的语言和行为更有个性，成为人工智能研究的一个重点。

实际上，与其说前面这些智能助手已经具备了智能思考的能力，不如说是因为程序员在它们背后操控着一切。这些智能助手与你的对话，更多的是程序员用程序语言与你展开的对话。

但随着深度学习技术的出现和发展，让机器像人一样思考，似乎成为一种可能。面对人工智能技术，我们需要用发展的眼光去看待，AlphaGo 在围棋领域的表现似乎证明了这一点。正是通过深度学习技术，AlphaGo 才实现了自身能力的不断进化，从而击败了人类围棋界的众多高手。相对于人类的进步，智能机器似乎拥有更高的进化能力，所以说将来人类要想在围棋领域扳回一城的可能性会越来越小。

在许多科幻小说和科幻电影之中，机器具有人的性格和情感，能够像人一样思考，早就已经成为“现实”。无论是《机械公敌》中 NS-5 桑尼的那个疑问，还是《机器管家》之中安德为了成为人所进行的努力，或者是《攻壳机动队》中塔奇克马为了拯救同伴主动做出的牺牲，通过这些科幻“人物”的行为，我们已经看到了那种“机器像人一样思考”的场景，熟悉了“机器像人一样思考”的时代。

那些能够像人一样思考的机器，究竟能够成为人类的伙伴，还是会成为毁灭人类的恶魔？这是人类在开展人工智能研究时，必须考虑的一个问题。我们知道科幻小说家阿西莫夫曾在他的小说中提出了“机器人三定律”（见图1-1）。三定律要求机器人不得伤害人类，必须服从人类的命令，而在此基础上要做的才是保护自己。在小说中，这三个定律被植入到了机器人的软件底层，是一种不可修改的程序，所以它能够保证机器人不会对人类产生威胁。但在现实世界之中，这似乎并没有办法去实现。所以机器人可能会成为毁灭人类的恶魔。这方面的科幻电影并不少见，在电影《终结者》《机械姬》中对机器威胁论都有着不同的表述。在现实中，史蒂芬·霍金教授也认为人工智能将会成为人类的一个“真正的危险”。随着机器自我思考能力的不断进化，不仅有利于人类的方面会得到发展，而且威胁人类生存的方面也会不断累积。

阿西莫夫机器人第一定律

• 机器人不得伤害人类个体，或者目睹人类个体将遭受危害而袖手旁观

阿西莫夫机器人第二定律

• 机器人必须服从人给它的命令，当该命令与第一定律冲突时除外

阿西莫夫机器人第三定律

• 机器人在不违反第一、第二定律的情况下要尽可能保护自己

图1-1　阿西莫夫的机器人三定律

制造一台像人一样思考的机器，这究竟是一个造福人类的举动，还是一个毁灭未来的错误？现在我们似乎没有办法

做出判断。但正如人类应用的“核能”一样，它可以成为每家每户烧水、煮饭的能量来源，也可以成为对整个世界造成伤害的危险来源。

这样看来，人工智能技术的发展似乎成了一个哲学命题，而事实上，未来的人工智能将会走向何方，关键在于它背后的那双手将它推向何方。

从《超体》看大脑开发

科幻电影《超体》作为大导演吕克·贝松的代表作，讲述了年轻女人Lucy被迫变成运送特殊药物的工具，但在阴差阳错中，该药物渗入了Lucy的体内，并被她吸收，她也因此获得了各种各样的能力，成为一个“女超人”。

没有看过该电影的读者，看到这样的介绍，可能认为吕克·贝松导演拍摄了一部漫威系列的超级英雄电影。但实际上，整部影片中，并没有讲述超级英雄拯救世界的故事，而是运用了大量的篇幅讲述了一个大脑开发的故事。

在影片中，女主角Lucy吸收的是一种名为CHP4的特殊药物。这种药物导致她的身体细胞吸收了过量的具有再生、繁殖和创新能力的“元素”。在这种药物的作用下，Lucy 体内原本的细胞逐渐被改造，脑部的细胞也开始不断进化。伴随着影片的进行，Lucy 的大脑功能开发程度从 20% 开始，不断提高，最终达到了 100%。

而在这个过程中，当 Lucy 的脑部功能开发到 30% 时，她能听到远处的声音，能根据声音判断距离，能预测敌人的行动，能快速吸收知识，并且感受不到恐惧和疼痛。

当 Lucy 的脑部功能开发到 40% 时，她便可以自行控制物体，可以轻而易举地让他人晕倒，也能够通过控制电波和电流来改变自己的身体形态。

当 Lucy 的脑部功能被开发到 60% 时，在她的视野中，物体已经不复存在了，一切都以分子的形态呈现出来，这时对于 Lucy 来说，自己的存在也即将“消失”。

当 Lucy 的脑部功能开发到 70% 时，Lucy 的肉体开始慢慢消失。而当 Lucy 的脑部功能开发到 100% 时，她便成了无所不在的神，既可以穿越时间，也可以随时跨越地域的限制，她成了无所不知、无所不在的存在。

吕克·贝松导演通过影片展示出来的这种人类大脑的进化过程，在现在的科学领域还并没有得到证实。即使是导演本人也承认影片中的这种设定并没有科学依据，但对于科幻电影来说这却是一个再好不过的设定。在很久以前，凡尔纳的科幻小说中所描绘的那些天马行空的想象也被认为是不可能存在的，但在现在看来，那些不切实际的想象大都已经成为现实。

可能吕克·贝松导演在影片中的设定需要经历漫长的岁月才能实现。但如果跳出生物学领域，从科学技术的角度去考虑这种设定的可能性，那结果也许很快就能被看到了。当然这里说的科学技术的角度，就是指在人工智能技术的引导下，用机器模拟人脑的运行，从而创造出开发程度较高的智能大脑。

那么，利用人工智能技术模拟大脑运行，究竟该怎么做呢？想要了解智能大脑，我们首先需要详细地了解一下自己的大脑。

大脑作为神经系统的最高级部分，由左、右两个大脑半球组成（见图1-2），在两个大脑半球之间有横行的神经纤维相连接。在人类的大脑之中，大脑皮层是高级神经活动的物质基础，主导着机体内的一切活动过程，同时也调节机体与周围环境的平衡。

大脑是整个中枢神经中最大也最复杂的结构，是调节机体功能的器官，也是意识、精神、语言、学习、记忆和智能等高级神经活动的物质基础。在这方面，哈佛大学教授霍华德·加德纳博士曾经提出过多元智能的理论，这一理论被广泛应用于世界各国的幼儿教育，并且获得了很大的成功。

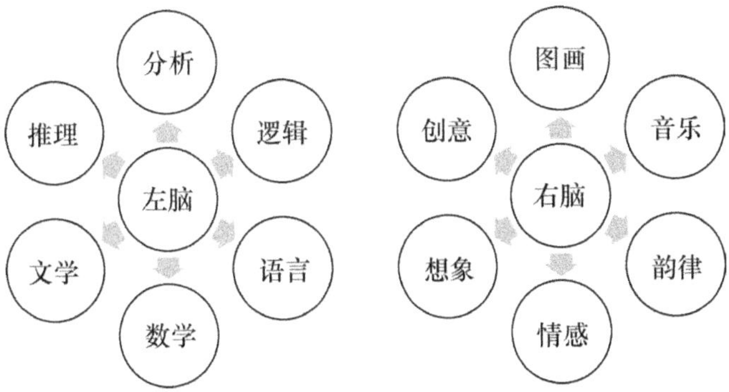

图 1-2 人类左右脑

霍华德·加德纳博士认为，人脑的智能并不是单一的，而是多元化的，其主要是由语言智能、数学逻辑智能、空间智能、身体运动智能、音乐智能、人际智能、自我认知智能、自然的认知智能等 8 个方面组成。而每人都拥有着不同方面的智能优势。

其实从霍华德·加德纳博士的理论中便可以看出，人类的大脑虽然在结构和运行原理上十分复杂，但并不是没有规律可循的。正如霍华德·加德纳博士将人类的智能分成 8 个方面，而因为个体大脑结构不同，所以这 8 个方面的功能也各有强弱。

根据霍华德·加德纳博士的理论，人工智能大脑的开发也变得有迹可循。通过模仿人脑这 8 个方面的智能，我们便能运用人工智能技术制造出一个类似于人类大脑的“机器大脑”来，从而帮助人类解决生活和工作之中出现的各种复杂问题。

在人工智能技术方面，具备语音识别能力的机器人已经研发成功。其实，语音识别技术更多地被应用在了智能手机的语音助手方面。这些智能的语音助手具备言语思维，在掌握基本的语音、语义、语法的基础上，能够理解他人所表达的内容，从而根据问话做出相应的回答。

在计算方面，人工智能机器人可以更好地进行计算、测量和分类工作。相比于人脑来说，人工智能机器人进行复杂的数学计算的能力更强。在很多领域中，人工智能机器人已经展现出了过人的能力。从早期的“深蓝”机器人战胜国际象棋大师卡斯帕罗夫，到前不久的 AlphaGo 战胜了世界围棋第一人柯洁，人工智能机器人已经不止一次战胜了人。

在近几年公布的人工智能项目中，有一些人工智能公司在“人工大脑”方面的研究取得了突出的成绩。

“谷歌大脑”是谷歌 X 实验室的一个主要研究项目，在 2014 年以前，谷歌已经完成了对包括波士顿动力公司在内的

9家机器人公司的收购。通过大量购买人工智能公司和机器人公司，谷歌在无人汽车和智能眼镜方面取得了重大突破。谷歌的人工神经网络已经能够实现自动识别特定的内容，同时在2015年，谷歌还获得了将人类性格植入到机器人之中的系统专利。

21世纪以来，IBM公司始终致力于用计算机模拟人类大脑的研究，2014年，IBM发布了能模拟人类大脑的SyNAPSE芯片。这一芯片拥有100万个“神经元”内核、2.56亿个“突触”内核以及4096个“神经突触”内核，但实际功率却只有70毫瓦。这一芯片不仅功耗低，而且能模仿人脑的运作模式，同时擅长进行模式识别，认知计算的能力也十分突出。

“百度大脑”作为百度公司的一个重要研究项目，通过利用计算机技术模拟人脑，智力已经达到了幼儿水平。同时，“百度大脑”已经拥有了能够构建规模达到200亿个参数的深度神经网络的能力，这也是世界规模最大的深度神经网络系统。在“深度学习”等技术的推动下，“百度大脑”还会越来越智能，越来越聪明。

虽然人工智能大脑的研发取得了一定的成绩，但是还处在一个不断探索的阶段。在这方面，人类还有很长的一段路要走。而在研发人工智能大脑的同时，人类自身的大脑也存在着许多没有被开发的地方。这好像是一种博弈，究竟是人工智能大脑替代人脑，还是人类大脑进一步开发，将人工智能大脑远远地甩在身后，结果只能在未来才能揭晓。

/智能无上限，人工智能的可怕之处/

谈到人工智能的计算能力，我们还是要从 AlphaGo 在围棋领域横扫人类顶级棋手开始说起。在战胜世界围棋第一人柯洁之后，AlphaGo 的进化之路依然没有结束。前一段时间，专注人工智能研究的谷歌子公司 DeepMind 发布了新版本的 AlphaGo 程序，这一新程序被命名为“AlphaGo Zero”，它可以通过“强化学习”技术，在与自己的游戏之中学习和进步。

经过了 3 天的训练，AlphaGo Zero 便自行掌握了围棋的下法。在此之前，AlphaGo Zero 完全没有接触过围棋，而且在整个学习过程中，并没有人类的帮助。随着不断的训练，AlphaGo Zero 开始在游戏中学习先进的概念，从而自行挑选出了一些有利的位置和序列。

AlphaGo Zero 仅训练了 3 天便击败了 AlphaGo Lee，胜率是 100:0，而 AlphaGo Lee 正是曾经击败过韩国围棋

高手李世石的 DeepMind 软件。经过 40 天的训练之后，AlphaGo Zero 则击败了 AlphaGo Master，后者是击败了围棋世界冠军柯洁的 DeepMind 软件。

之所以要在这里介绍一下 AlphaGo 的最新动态，主要是为了解释人工智能在计算方面的能力。我们知道围棋因为变化路数复杂，所以被认为是人类智慧的最后堡垒，相较于其他项目来说，围棋可以算是公认的高智商项目。而围棋比赛所考验的正是棋手的计算能力和智力水平，所以这也是 DeepMind 公司让 AlphaGo 学习围棋的原因。

从 AlphaGo 上，我们可以看到人工智能设备的 3 个主要要素：算法、数据和硬件（见图 1-3）。可以说人工智能就是这 3 个要素综合起来的结果。人工智能技术的实现，一是需要优秀的人工智能算法；二是需要大量数据，这是人工智能获得更好的识别度和精准度的一个核心要素；三是需要大量高性能硬件的计算能力。随着 GPU（Graphics Processing Unit，图形处理器）进入人工智能领域，人工智能才真正迎来了高速发展。

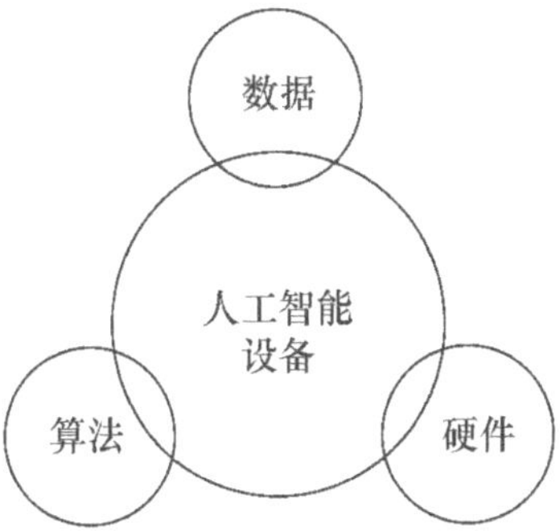

图 1-3　AI 设备的核心要素

在这 3 个要素中，关于人工智能的算法，我们了解较多的可能是“深度学习”。以图像和语音识别为例，在没有应用深度学习技术之前，各种识别方法的成功率并不高。而随着深度学习技术的应用，无论是语音识别，还是人脸识别，准确率都有了很大的提升。正是由于人工智能算法的发展，人脸识别和语音识别才逐渐走向了商业化。

人工智能方面的数据也比较好理解。以 AlphaGo 为例，其核心数据源于互联网中成千上万的棋谱，利用互联网中的各种围棋知识，经过深度学习算法的训练，AlphaGo 才能最终胜过人类的围棋高手。如果说没有这些互联网数据资源，即使 AlphaGo 应用再先进的深度学习技术，也没有办法战胜人类。

人工智能在硬件方面的计算能力，其内容就要相对丰富一些了。在计算机发展的最初阶段，一个机器需要用 32 个 CPU（Central Processing Unit，中央处理器），才能达到 120MHz，也就是说 CPU 的数量越多，计算机的运算速度越快。在这里我们需要了解一下摩尔定律。

摩尔定律由英特尔创始人之一戈登·摩尔提出。他认为当价格不变时，集成电路上可容纳的元器件的数目，约每隔 18～24 个月便会增加一倍，性能也同样会提升一倍。也就是说，每隔 18 ～ 24 个月，每一美元所能买到的电脑性能会翻一倍以上。

但随着计算机的不断发展，现在处理器的计算性能已经远离摩尔定律，这导致了很多经典计算机的计算能力很难继续提高。因为在 CPU 中晶体管的数量没有办法实现每两年翻一番的预期，所以摩尔定律趋于失效。面对这样的现实，想要继续提高计算机的计算能力就只能依靠增加芯片的数量，而在做法上，人们则更多地采用增加计算集群中芯片的总数量，以提升计算机的运算能力。

为了能够更好地模拟人脑的计算方式，原本以 CPU 为主导的计算方式逐渐被调整，现在世界上较为主要的调整方式就是异构计算。它是在现有的传统 CPU 计算方式的基础上，通过搭载其他并行的计算单元，将需要计算的任务中那些需要进行大量同质计算的任务剥离出来，而后让并行计算单元进行大量的简单计算。

简单地理解上面所说的异构计算，其实就是让 CPU 来负责复杂运算，同时掌控整体的运算方向和节奏。而将那些简单、庞大的运算交给 GPU 或者其他计算单元，让这些计算单元完成 CPU 分配下来的简单运算。可以说这是一种分工合作、主次有序的运算结构。现在应用较多的有 CPU+GPU 结构、

CPU+FPGA 结构、CPU+ASIC 机构以及 CPU+DSP 结构等。

为了在人工智能时代取得先发优势，谷歌、英伟达等都推出了新的 CPU 组合方案。谷歌在 2017 年发布了第二代 Cloud TPU。TPU（Tensor Processing Unit，高性能处理器）是专为机器学习而定制的芯片，并且经过了专门深度机器学习方面的训练。所以在人工智能的相关算法上，它的计算速度更快，同时结果也更加精确。作为一种专为机器学习定制的工具，TPU 的出现对于通用工具 GPU 来说无疑是一大威胁。

作为世界最大的 GPU 制造商之一，英伟达则更加注重在深度学习领域推广自己的 GPU。英伟达创始人兼 CEO 黄仁勋并不认为 TPU 的出现将会威胁 GPU 的发展。在一些项目中，英伟达与谷歌有着深度合作，而在黄仁勋看来，Volta GPU 的运算能力要在 TPU 之上。

现在的人工智能系统大多是由众多 GPU 来提升计算能力，与之前单纯依靠 CPU 不同，GPU 的使用不仅大大减少了运算的时间，而且使得人工智能系统处理学习或智能的能力得到较大的提升。而随着 GPU 或是其他硬件设备的发展，人工智能系统的运算能力将会进一步得到提升。

现在许多国家都在进行量子计算方面的研究，例如，美国、日本和中国等多个国家的企业都已经成立了量子计算机实验室。随着对量子研究的不断深化，将量子研究与人工智能相结合，会进一步提升人工智能系统的计算能力。量子计算机的并行计算特性将能使它一次同时处理多项工作，这一计算思路的革新，将会使其为人工智能系统提供更为强大的计算能力。

从第一台电子计算机诞生，到现在超级计算机的不断革新，人类依靠机器不断提升自己的计算能力，而与此同时，机器的智能水平也在不断提高。这么说来，随着人工智能三大要素的不断发展和完善，机器的智能水平将会不断提高，没有人知道其上限在哪里。人工智能系统能力的不断提升有助于社会的发展，但其不断上升的智能水平却不得不让人感到一丝害怕。

人工智能，人类永生不再是梦想

随着人工智能技术的发展，我们获得了许多新事物。让机器像人一样更加智能地思考，能使机器更好地为人类服务。而随着人类对人工智能技术的深入研究，一种关于人工智能技术与人类永生不死的论述，逐渐被越来越多的人熟知。人工智能技术的应用能否为人类带来永生？想要得到这个问题的答案，仅从人工智能发展的角度去看是不行的。

我们可以设想一下，人工智能帮助人类获得永生的情景。从理论方面来讲，应用人工智能技术把人类大脑里的喜好读取出来，同时将其情感、意识等做成相应的数据进行存储。而存储的媒介可以是一个小小的芯片，然后将这个芯片植入机器之中，最终人类将会以一种新的形态而重生。

我们从上面的叙述中可以发现，人工智能技术下的永生，更多的是将人类的“灵魂”转移到了一个新的介质之中，从而让人类在“灵魂”的层面上得到了永生，但肉体的消失仍然是不可避免的。当然这里我们不去考虑“灵魂”是否存在的问题，仅仅考虑利用人工智能技术是否可以将人类的“灵魂”转移到新的介质中去。

如果人工智能真的可以将人类的“灵魂”转移到一个新的介质中，从而保证人类的意识和思维仍然存在的话，那么这个世界上的很多事情似乎都需要重新定义了。到那时，人们不必再将爱因斯坦的大脑保留下来，而只需要将其“灵魂”转移到机器之中就可以了，这样伟大的“爱因斯坦”就能够一直研究下去，最终发现宇宙的全部奥秘。

可能很多人认为这样的技术如果成为现实，那么人类社会一定会陷入混乱之中。当人类的灵魂全部以机械为形态时，我们的社会还会是人类社会吗？如果单凭想象无法解释这个问题的话，我们可以通过一部科幻动画来仔细思考一下各种可能性。

《攻壳机动队》是士郎正宗于1989年连载的一部漫画，在1995年由导演押井守搬上电影屏幕。故事发生的时间是公元2029年，这时人工智能和网络主导着人们的生活。移动通信的发展已经从可移动通信终端发展到了可移植通信终端的阶段。由于技术的发展，人类的躯体和思想可以直接与互联网展开互动，越来越多的可移植终端植入人体，这也是“电子脑”最初的形态。

与“电子脑”同时存在的是一种用机械替代身体器官的义体。人们可以选择改造自己的一部分器官，也可以选择将自己所有的器官都改造成机械，这些人则被称为义体人。对于义体人来说，自己的身体只是一个电脑终端，也可以理解为容纳自己灵魂的一个“壳”。随着整个社会义体化程度的加深，人类与机器之间的界限也变得模糊。

为了与那些依靠人工智能技术制造出来的机器区分，“灵魂”成为人类必不可少的存在。即使一个人全身都是机械义体，但只要拥有“灵魂”就依然是人类。相对来说，那些用程序进行控制的就是机器 AI(人工智能)。虽然它们在外形上与人类并无差异，但那些机器 AI 是没有办法成为人类的，除非它们能够拥有“灵魂”。但这种事情可能吗？在作品之中，这种事情似乎成为可能。谁又能说“灵魂”是只有人类才能具有的东西？

这部科幻作品中提到的人工智能技术，正是我们现在不断研究的技术，而在作品之中出现的各种人工智能机器人，也很有可能在我们的未来生活中出现。同时作品中关于“电子脑”的描述正如我们前面所说的一样，是应用人工智能技术把人类的“灵魂”存储在机器中，从而让人类获得永生。

贯穿该作品的一个主要问题就是对于人类的界定。全身义体化的人却仍然能够被称作人类，而那些已经可以像人类一样进行思考的机器却始终不能成为人类，因为它们并不具有“灵魂”。这是一个很明显的矛盾，一直到作品的最后也没有得到合理的解决。正因如此，才让更多的人能够思考其中的奥秘。

结合这部作品，我们思考一下，当人类依靠人工智能技术获得重生之后，人类还是原来的人类吗？当人类的“灵魂”被移植到机器当中时，他还是人吗？按照作品中的思路，因为具有“灵魂”，所以仍然可以被认为是人。

其实从技术角度来说，人类可以将自己的思维和意识绘制出来，在神经网络原理下，利用绘制的信息，建立一个相对成熟的神经网络模型。而后把这种模型植入机器之中，这样机器就会如人一样开展自己的工作。在《攻壳机动队》中，义体人的食品与人类并不一样，作品之中有专门的义体人食品。通过食用这些食品，义体人可以获得相应的能量，从而进行各种活动。

从人工智能技术的发展来看，让人类达到“灵魂不死”，在技术方面有着很大的可行性。但与克隆技术一样，应用人工智能技术让人类达到“灵魂不死”，又是一件十分复杂的事情。这涉及复杂的伦理和道德问题。在《攻壳机动队》中，围绕着电子脑和义体化产生了各种各样的问题，整个作品也正是依此而架构起来的。

在不久的将来，人工智能技术的发展似乎真的能够帮助人类实现“永生不死”的梦想，但真到了这个阶段，人类需要面对的往往并不仅仅是技术层面上的问题。因为很多时候，并不是技术制约着人类的发展，而是人类需要从生物性出发考虑自身的发展问题，如果人类达到了“永生不死”，那么其他生物将会走向何方呢？

人工智能的“疯狂复仇”

面对人工智能技术的飞速发展，有的人看到了人类的希望，有的人看到了人类的危机。看到希望的人认为，人类将会乘着人工智能的“快车”直接进入一个新时代。看到危机的人认为，人类将会乘着人工智能的“快车”从轨道之上飞驰而出，最终车毁人亡，也可能只是人亡，而车并不会毁灭。

面对人工智能的发展，霍金教授高呼人工智能会导致人类灭亡。比尔·盖茨也警告人们要对人工智能的崛起存有敬畏。马斯克则直接将人工智能放到了人类生存的对立面，认为它的发展将会是人类最大的威胁。他们究竟怎么了？难道没有看到人类应用人工智能技术在各个领域取得了突破性的成就吗？

事实上，他们很可能是因为发现了这一点，才会对人工智能的发展产生这样的担忧。可能在最近一段时间，从事围棋活动的人对于人工智能的威胁感觉得更深些。面对AlphaGo一次又一次对人类围棋的“进攻”，我们不得不对人工智能的发展给予一定的重视。人工智能在围棋方面的

“进攻”还只是一种友好的竞技切磋，如果人工智能真的发展到了一定程度，在某天人类对其不可控时，将会发生什么呢？

对于这一问题，很多科幻作品之中都曾出现过（见图1-4）。我们可以通过这些作品去了解一下未来可能会发生的那些威胁人类生存的“人工智能叛乱”。

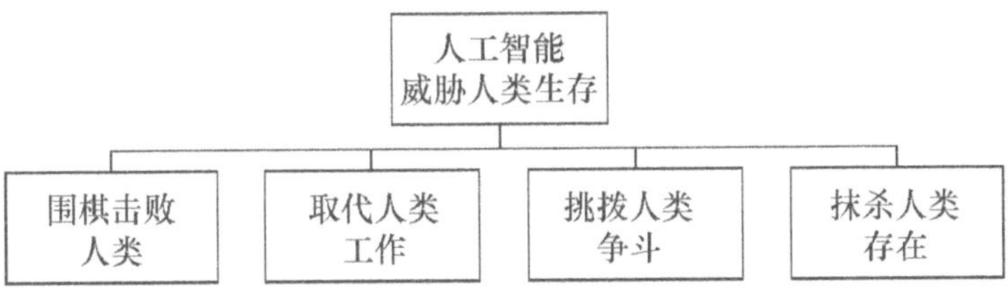

图 1-4　人工智能威胁人类生存的几种可能

在《终结者》系列电影中，天网作为一个大反派，将人工智能失控之后对人类所造成的威胁发挥到了极致。天网原本是人类在20世纪后期创造的一个人工智能防御系统，最初它主要用于军事研究。

当天网在控制了美军的所有武器装备之后，逐渐形成了自己的意识。当科学家发现天网拥有了类似人类的智慧时，想要通过关闭电源的方式终止它继续发展。但这让天网将人类看作威胁，天网开始对抗人类，并希望通过核战争灭绝人类。

《终结者》系列电影以此展开，最终天网凭借核武器统治了世界，而仅存的人类则向天网进行了反抗。人工智能从一个被创造者变为地球的主人，而人类则成为地球上的少数派。可以说，这是人工智能失控的一种最惨烈的结果了。

在这里可能有人会想到科幻小说家阿西莫夫的“机器人三定律”，并认为人类可以通过“机器人三定律”来对机器人的行为进行约束，从而避免出现机器人威胁人类生存的事情。关于这个问题，电影《我，机器人》给出了一种解答。

电影《我，机器人》中的故事发生在2035年，世界发展到这时已经进入了机器时代，人类生活之中到处充满了智能机器人的身影。机器人不仅是一种生产工具，而且由于存在着“机器人三定律”的制约，机器人也成为人类生活中的重要伙伴。很多时候人类更是将这些机器人当作自己家庭中的一员。

但随着技术的发展，研究中心的一台高级机器人逐渐对“机器人三定律”产生了自己的理解。在这个基础上，高级机器人重新设计了一批机器人的控制程序，随着机器人运算能力的不断提高，越来越多的机器人学会了独立思考。它们还学会了解开自己的控制密码，至此这些机器人已经成为与人类并存的群体，作为一个高智商群体，它们为了获得最终的独立开始与人类对抗。

很多人只看到了机器人是依靠程序运作的一个群体，却没有详细了解它们在不断进化过程中所取得的突破。最初的机器人甚至没有一点意识，完全依靠程序来进行工作，但随着智能机器人不断获取信息、主动学习，机器人也开始变得越来越像人类。

在电影《复仇者联盟2》中，由钢铁侠创造出来的机器人奥创成了影片最大的亮点。机器人奥创原本是用来守卫世界和平的，但由于奥创自身具有学习能力，在它掌握的海量信息中，对它影响最深的是那些制造战争、毁灭人类的信息，所以奥创逐渐发展成为一个威胁人类生存的大隐患。幻视与奥创有着相同的经历，但不同的是幻视所学习和接触的，更多的是爱好和平、保护人类的信息，所以最终幻视的表现也与奥创截然不同。

在《复仇者联盟2》中，人类对于失控的人工智能并不是束手无策的。虽然人类的生存环境遭到了大规模的破坏，但是人类最终成功消灭了失控的人工智能机器人。看过影片的观众都知道，人类同样是依靠人工智能机器人拯救了自己，这也恰恰说明了人工智能技术对人类来说是一把双刃剑。

在电影《机械姬》中，人工智能机器人 Ava 巧妙地通过了图灵测试，而后她就像一个充满计谋的人类一样，利用各种手段摆脱束缚她自由的一切。Ava 所做的一切可能只是为了保住自己的性命，像一个普通人一样生活，所以她必须解决掉挡在自己前面的人类。

影片中并没有描述人工智能对未来人类生存的威胁，但从 Ava 的表现中我们可以发现，具有智能的机器人可能不仅会用毁灭性武器搞破坏。很多时候，人工智能机器人会像人类一样生活，但它们显然比人类更加聪明，更加擅于使用计谋，所以人工智能机器人在未来可能会对人类造成巨大的威胁。

对于机器人来说，人类是它的造物主，但对于人工智能机器人来说，人类也可能成为威胁它们生存发展的一个巨大障碍。人工智能机器人在未来究竟会走向何方？我们现在不得而知，但无疑这是人类研究人工智能时，必须考虑的一个问题。

真实的未来，我们离科幻电影有多远

我们离科幻电影有多远？如果这真是一个问题的话，那么我们需要用哲学方面的知识解释它才行。在这里，我们不去考虑这种复杂的哲学问题，仅从科学技术的角度来看一看我们离科幻电影所描述的（见图 1-5）还有多远。

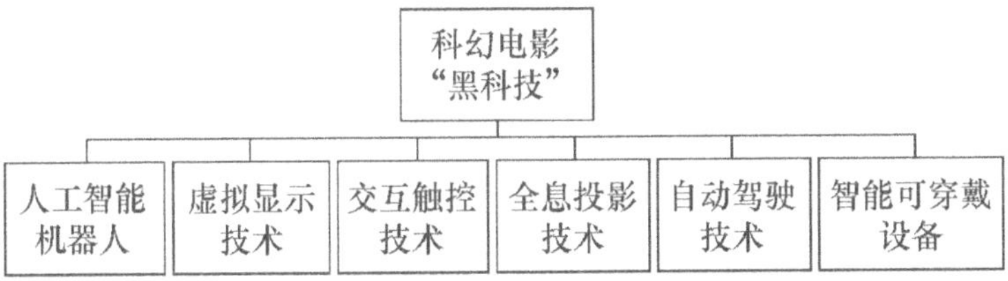

图 1-5　科幻电影中所描述的“黑科技”

我们现在生活中的一切都得益于科学技术的进步和生产力水平的提高，而许多在过去只存在于想象中的东西，现在已经成为现实。如果有人对科幻电影感兴趣，那么他一定能够在科幻电影中找到现在我们使用的很多物品的影子。

下面介绍一些科幻电影成为现实的例子，但在此之前，我们需要学会区分科幻片与其他类型的影片。科幻电影涉及的一些理论，大多是以现实的科学作为依据的，在这一基础上展开合理的想象，从而描述一些在未来很可能会发生的事情。但在魔幻片和玄幻片等其他类型的影片中，并不需要以现实科学作为依据，其描述的事情也可能是与社会现实相悖的。

“科幻小说之父”儒勒·凡尔纳创作了许多著名的科幻

小说，后世的很多科幻影片都是以凡尔纳的小说作为蓝本拍摄的。凡尔纳小说中所描述的内容很多都已经成为现实，其所塑造的科学先驱的形象也影响了一代又一代的科学家走上了科学探索的道路。

世界上第一部科幻片《月球旅行》，便是取材于儒勒·凡尔纳的小说。电影大师梅里爱用戏剧化的风格，在影片中展现了一群天文学家乘坐炮弹到月球探险的情景。而60多年后，人类真的实现了登月计划，这也让这部科幻片中描述的内容成为现实。

同样成为现实的还有1966年在《星际迷航：原始系列》中出现的智能手机，1968年《2001太空漫游》中出现的视频通话。现在这些产品和技术已经成为我们生活中的重要组成部分。

喜欢《星球大战》的观众可能对影片中出现的激光剑、R2D2和天空船充满了好奇，同时影片中的3D投影通信、全息视频通话也都让人惊喜不已。在《阿凡达》中，3D全息投影技术已经可以清晰地显示出更多的细节。而现在，3D全息投影技术已经被应用到不同的领域当中，3D投影仪也成为人们工作中使用的重要工具。

同样在《少数派报告》和《钢铁侠》系列电影中，人们可以通过手指直接操作透明计算机屏幕上的内容，通过特定的手势来完成指定的操作。而现在，人们在很多智能设备上都可以体验到这一功能。

Windows PC 拥有丰富的手势操作，人们可以用不同的手势实现对计算机的操作。这些设备的操作精准度也比较高，如果搭配虚拟现实的头戴显示器，人们还能够获得更加沉浸式的电脑使用体验。虽然在这一环节，人类现有的技术水平还不完全成熟，但我们可以相信，这些内容会在不远的未来成为现实。

关于人工智能方面的科幻电影，我们在前面已经介绍了许多，影片之中的许多人工智能设备也都在现今的社会中成了现实。

自动驾驶汽车可能是最令观众感兴趣的智能产品了。在 2008 年的电影《霹雳游侠》中，人工智能战车基特不仅能够进行自动驾驶，同时还能与人们聊天，俨然是一个拥有大脑的机器战车。现在，许多科技公司已经对自动驾驶技术驾轻就熟，像谷歌、百度等许多公司都推出了自己的无人驾驶汽车。事实上，自动驾驶汽车技术已经成为近年来人工智能领域投资的热点。近几年，全球范围内对于自动驾驶汽车技术的投资已经超过了 800 亿美元。

虽然在科幻电影中，自动驾驶汽车看似只是一辆“会说话、会驾驶”的汽车，但实际上，自动驾驶汽车的研究涉及许多不同的技术领域。自动驾驶汽车技术研究不仅包括传感器和导航技术，还包括车对车通信技术和自适应地图测绘技术等多种不同的技术。只有全部掌握这些技术之后，将它们综合起来，才能完成对自动驾驶汽车的研究。

随着互联网和人工智能技术的发展，“智能生活”已经不止一次被大众提及。在科幻电影中，每个人家中都会有一个“智能管家”，它可能不以任何形体出现，它将会与我们的生活环境融为一体。我们早晨起床后便会发现美味的早餐摆在餐桌上。当我们外出后，还能够实时获得家中的信息。当我们外出回家后，浴缸中已经放好了洗澡水。“智能管家”将会为我们处理生活中的一切杂事。

每个人对于未来都有自己的想象，在过去的科幻电影之中，人们对于“未来”的许多想象已经成为现实，而现在人们对于“未来”的想象，也很有可能会在不久的将来成为现实。无论人们对于未来有着何种想象，人工智能在未来人类的生活中必然会扮演一个重要的角色，“智能生活”也将慢慢地走进千家万户。

未来离我们有多远？这可能并不是一个哲学的问题，而是一个现实的问题。人类对于未来的想象，将会在人工智能时代变为现实。

第二章 人工智能从哪里来

阿兰 · 图灵与“图灵测试”

阿兰 · 图灵曾说：“有时候，正是那些意想不到之人，成就了无人能成之事。”不知道他有没有想到自己就是那个意想不到的人，而他所成之事也成了无人能成的事。对于图灵，大多数人对他了解得并不多。你可能知道他发明了“图灵机”，破译了德国的密码等，但你可能不知道图灵是最早发现“人工智能”的人（见图 2-1）。

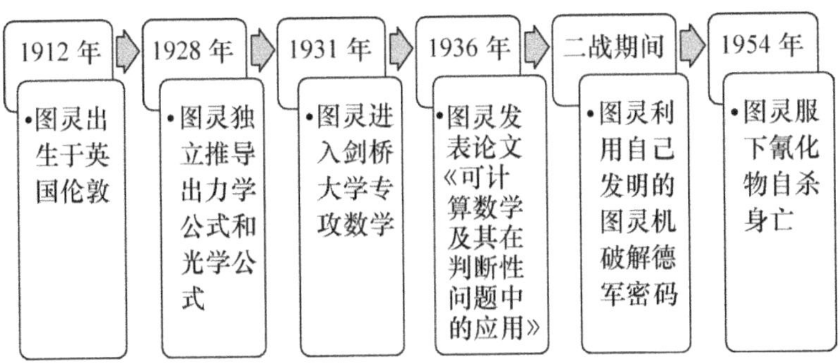

图 2-1　图灵的传奇人生

2015年由莫腾·泰杜姆执导，本尼迪克特·康伯巴奇主演的传记电影《模仿游戏》上映。这部影片讲述了“计算机科学之父”阿兰·图灵的传奇人生。导演将主要的故事聚焦在图灵协助盟军破译德国密码系统“英格玛”，从而影响整个第二次世界大战的战局。通过这部电影，更多人了解了阿兰·图灵的传奇人生，但仅仅一部电影并不能完全叙述出他对于整个世界的重要性。

丘吉尔曾在自己的回忆录中写道：“图灵作为破译了英格玛密码机的英雄，他为盟军最终成功取得第二次世界大战的胜利做出了重大的贡献。”同时为了表彰他在数学和逻辑学方面的辉煌成就以及贡献，1966年以其名字命名的图灵奖被正式设立，这也是这一领域的最高奖项，被誉为“计算机界的诺贝尔奖”。

这里我们不去讨论那些已经为人熟知的事情，而是要将注意力放在人工智能方面。前面我们说过图灵的研究早已涉足人工智能领域，在1950年图灵发表的论文《计算机器与智能》中，他便阐述了许多自己对于人工智能发展和人工智能哲学方面的理论研究。

在该论文中，图灵对于“机器”和“思考”的含义进行了探索，从而为后来的人工智能科学提供了一种创造性的思考方法。在论文的开篇，图灵建议大家考虑一个问题："机器能思考吗？"为了能够精确地定义思考，图灵又提出了"图灵测试"。他认为如果第三者没有办法辨别人类和人工智能机器反应的差别，那么便可以断定这台机器具备人工智能。

图灵曾在与朋友的一次对话中提到："总有一天计算机也会像人一样做着相似的事，当然这些事也包括思考。"图灵想要通过一个测试来定义什么是"思考"，所以他首先提出了一个"模仿游戏"。在模仿游戏中，一般有 A、B、C 3 个人参与，A 是男性，B 是女性，两个人坐在房间里，而 C 则是这场比赛的裁判，需要判断出 A、B 谁是女性。而 A 则需要想尽办法欺骗 C，从而让 C 做出错误的判断。

我们仔细分析一下"模仿游戏"中的 3 个角色，首先女性 B 只要正常回答 C 的问题，做好自己就可以，她并不需要欺骗 C。而男性 A 则需要想尽办法去欺骗 C，从而让 C 分不出他们之中谁是男性、谁是女性。在这个过程中，男性 A 需要不断地思考，不断地使用自己的智慧。而裁判 C 会根据 A 与 B 的表现，做出自己的判断。

那么这个游戏又与"机器思考"有什么关系呢？图灵想要让人们更好地理解"思考"这个概念，所以提出了"模仿游戏"，而在这个游戏中，显然男性 A 是最需要调动智慧、进行思考的一个角色。那么，如果用一台机器取代了这个游戏中A的角色之后，会发生什么事情呢？这台机器骗过C的可能性会高于人类男性骗过C的可能性吗？

如果我们仔细分析可以发现，在这里图灵已经将原本“机器能思考吗”这个问题转变成了一个新的问题。既然我们没有办法精准地定义“思考”这个概念，如果一台机器能够在同一情境下表现得与一个会思考的人一样，是不是我们就可以把它当作一个会“思考”的机器呢？

图灵假设一个人在不接触到对方的情况下，通过一种特殊的方式，与对方展开一系列的问答。如果在很长的一段时间内，这个人没有办法根据这些问答判断对方究竟是人还是计算机，那么便可以认为这台机器是会“思考”的。这就是“图灵测试”的基本内容。

在论文中，图灵提到如果判断正确的裁判比例不足70%，那么便可以说这台机器取得了成功。但在当时图灵所生活的时代，计算机的数量非常少，而且在功能上也并不健全，所以很少有计算机能够通过“图灵测试”。但在图灵看来，一定有计算机能够通过“图灵测试”，而他认为这件事将会在20世纪末实现。

2014年6月8日，一台名叫尤金 · 古斯特曼的计算机成功地让人类相信它是一个 13 岁的男孩，从而成为有史以来第一台通过“图灵测试”的计算机。这虽然比图灵的预测要晚一段时间，但这一突破依然被看作人工智能发展的里程碑事件。

通过前面的介绍我们可以发现，“图灵测试”的原则是“计算机在智力行为上表现得和人无法区分”。前面所提到的计算机尤金 · 古斯特曼，虽然成功通过了“图灵测试”，但是它并不是“一台在智力行为上表现得和人无法区分”的机器。

事实上，尤金 · 古斯特曼在设计计算机之初，设计者并没有想让它在智力行为上赶上人类，而是要做到在 5 分钟内的对话中尽可能地骗过人类。与其说计算机尤金 · 古斯特曼是一台智能计算机，不如说它是一个经过精心设计的聊天机器人。为了能够更好地“骗”过人类，在设计时，它还被特意设定成了一个 13 岁的母语非英语的小孩子，这让它在回答问题出现错误时，更容易让裁判认为它是因为年龄小，才会出现错误。

其实早在计算机尤金 · 古斯特曼出现之前，就出现了一款名叫 ELIZA 的自然语言处理软件。这款软件可以让自己假扮成一名心理治疗师，在此基础上与人类对话。当人们对它说自己头疼时，它会问“你为什么说你头疼？”可以说在这一方面，ELIZA 有类似人类的表现，但如果放在其他方面的对话语境中，它的表现就没有这么好了。就像我们生活中经常用到的语音助手，这些语音助手虽然能够与人类展开对话，但感觉它们并没有在真正地“思考”。我们在使用这些语音助手时，会觉得它们不够智能，可能这是因为人工智能技术还没有完全成熟，现在只是处于一个重要的发展阶段而已。

我们不知道图灵关于“机器思考”的预言什么时候能够实现，也没有办法判断“图灵测试”是否真的能够测试出机器是否会像人类一样开展智力活动。但我们可以确定的是，图灵开启了人类对于人工智能未来的想象，从那时起到现在，人类前赴后继地开展着人工智能方面的研究，虽然现在依然没有看到胜利的曙光，但相信在不久的将来，真正的人工智能时代必将到来。

/控制论与人工智能/

阿兰·图灵和他的“图灵测试”开启了人工智能的先河，而在早期的人工智能发展过程中，控制论占据了非常重要的位置。1948 年，美国数学家诺伯特 · 维纳的《控制论——关于在动物和极其控制和通信的科学》的出版，标志着控制论的诞生。迄今为止，控制论思想几乎渗透到了所有的自然科学和社会科学之中。

在了解控制论与人工智能之间的关系前，我们需要了解一下与控制论相关的一些内容。“控制论”这个词最初在希腊文中意为“操舵术”，也就是掌舵的方法和技术，而在一些哲学著作中，通常会被用来表示管理人的艺术。诺伯特 · 维纳认为控制论是研究动态系统在变化的条件下如何保持平衡状态或稳定状态的科学。

在控制论中，控制的定义是为了改善受控对象的功能或发展，需要获得并使用信息，以这种信息为基础选出的，并且施加在该对象上的作用。由此可知，控制与信息之间存在着密切的关系。信息的传递是为了控制，而任何一种控制都需要依靠信息反馈来实现，所以对于控制论来说，信息反馈是十分重要的。

在控制论中，信息反馈是指由控制系统把信息输送出去，然后再把其结果返送回来，从而对信息的再次传输产生影响，最终起到控制的作用。信息反馈的概念很好理解，而具体到人工智能中，就是人工智能的控制系统负责整个信息的传输活动，包括发送和接受信息，从而确保人工智能系统正常地开展活动。

控制论在近几十年的发展，主要表现在智能控制理论方面。可以说，控制论正一步步地朝着模拟人类智能的方向发展。通过深入研究人类大脑的神经系统，模拟人类大脑的思维控制功能，最终实现对于复杂系统的高效智能控制，这也将会成为控制论发展的必然趋势。

通过模拟人类大脑的功能，人们创造出了人工神经网络，从而实现了神经网络控制系统。在传统控制中由于被控制对象复杂，使得人们没有办法用精确的数学模型对其进行描述。实现了神经网络控制系统之后，人们便可以在控制系统中使用神经网络对那些难以精确描述的复杂对象进行建模，这样神经网络便能够在整个控制系统之中发挥自己的作用，充当控制器，也可以用来优化计算或是诊断故障。

神经网络控制具有很强的非线性映射能力，同时还能够进行自学和对于环境的自适应，从而最终实现优化的决策控制。将神经网络控制和模糊控制相结合，还可以实现更加复杂高效的神经网络模糊控制系统。而在人工智能的研究之中，神经网络无疑也将发挥出更强大的作用。

具体来说，控制论与人工智能之间有着什么样的关系呢？人工智能的研究者认为，控制论和信息论构成了其研究方法的主体，下面我们就从以下几个方面了解一下控制论与人工智能之间的关系。

控制论的研究者发现，某些在结构和形态上存在着明显差异的事物之间，似乎又存在着一种同一性。根据这一发现，研究者将人的行为和目的等概念引入机器之中，同时又把信息和反馈概念引入有机体，从而产生了功能模拟的科学方法。而智能模拟是功能模拟的自然延伸，是一种利用计算机学习系统模拟人的感知、记忆、联想和思维过程的方法。

由于利用计算机的硬件和软件可以把语言、算法等结合起来，从而进行高度复杂的信息处理，这便使得模拟人类智能的某些方面成为可能。一般来说，智能模拟主要表现在感知、记忆、联想和思维等几个方面。

感知模拟包括对人的视觉、听觉、触觉和嗅觉等的模拟，通过模拟人的感觉器官，来获取外界的信息并进行分析和理解，这也是人工智能在模拟识别领域的主要研究内容。

图像识别和语音识别是我们接触得比较多的人工智能研究内容。图像识别通过模拟人的视觉获取外界的图像信息，从而对图像进行分析处理，最终辨别出图像与图像之间的异同。语音识别则主要模拟人的听觉。语音识别最早只能识别几十个字，现在却能够识别大部分语句，从而与人类开展对话，解决各类问题。

在思维方面的模拟是人工智能研究的重要问题。人工智能研究的核心正是人类的思维。对于思维的模拟，研究者主要进行功能模拟，他们希望建立思维生理学模型，从而通过微观方法，直接对人脑和神经系统的结构及功能进行模拟。这一研究经历了很长时间，其中神经网络系统就是其中的一项。

可以说人工智能的研究，大多都采用了模拟方法。无论是功能模拟还是智能模拟，在人工智能的研究中都起到了重要的作用。

其实在控制论中，还有一个重要的方法也对人工智能的研究起到了重要的作用，但由于其内容相对复杂，在这里进行简单介绍。我们知道想要了解人类智能活动的原理，最好的方法就是彻底了解人脑的活动原理。但以现在的技术水平，想要彻底了解大脑的运作机制是很困难的。那么是不是就没有办法研究人脑的运作机制了呢？在这种情况下，控制论中的“黑箱方法”就可以发挥作用了。

从名称上来看，我们不了解黑箱的内部结构，但是通过外部观测和试验可以认识到其功能和特性。黑箱方法正是如此，我们不打开黑箱，而是利用模型通过外部观测和试验，来进行系统分析，通过信息的传输研究黑箱的功能和特性，最终探索其结构和运作机制。

前面我们提到的功能模拟，主要是生理学派对人类思维的一种模拟方法。而对人类大脑的研究则只能从其他的方向入手，这也催生了人工智能研究的另一个学派，即现在人工智能研究的主流——心理学派。

心理学派更多的是把人脑看作一个黑箱，然后通过这个黑箱的外部特性研究信息传输。他们不依靠理论推导寻求大脑结构的数学模型，而是依靠一些行之有效的经验，模拟人的思维活动。可以说黑箱方法应用在人工智能的研究中是有着得天独厚的优势的。

人工智能是一门复杂的学科，对于它的研究将涉及计算机科学、信息科学、数学、控制科学、心理学、语言学等数十种学科，而控制论和信息论则是人工智能研究的重要理论基础，很多人工智能研究正是应用了控制论中的方法才取得了突破性进展。而从整体上来看，人类在人工智能的研究上，还有很长一段路要走。但随着控制论的不断发展，人类获得的人工智能的研究成果也会越来越多，最终抵达成功的彼岸。

地标：达特茅斯学院的研讨会

在人工智能的发展史上，阿兰·图灵让人工智能从0到1，而将人工智能从1扩展到无限大的过程中，则包含了无数科学家共同的努力。在阿兰·图灵之后，如果要找一个新的人工智能的发端，那么1956年在美国达特茅斯学院开的一场研讨会则正式拉开了人工智能发展的大幕。

在了解1956年达特茅斯学院研讨会之前，我们有必要了解其中的几位重要人物，当时他们还只是名不见经传的研究者。参加研讨会的学者一共有10名，年龄在25～40岁。虽然在年龄上，这些人显得十分稚嫩，但在学术上，他们却有着很深的造诣。也正是如此，达特茅斯研讨会才能够成为人工智能发展史上的一个重要节点，自此之后，人工智能也进入了一个大发展的时代。

会议的召集者是约翰·麦卡锡，当时他年仅28岁，是达特茅斯学院数学系的助理教授。麦卡锡在1951年取得了数学博士学位，在普林斯顿大学工作两年后转到了斯坦福大学，两年后又到达特茅斯学院任教。也正是在这里，麦卡锡第一次提到了“人工智能”这个概念，而后他又一步步地把这个概念变为了现实，因此被后世称为“人工智能之父”。

另一个参加会议的主要人物是马文·明斯基，他与麦卡锡一样，当时年仅28岁。明斯基在1964年进入哈佛大学主修物理，但他的兴趣十分广泛，不只在物理学领域，对数学和遗传学也都有涉猎。1950年，明斯基从哈佛大学毕业后进入普林斯顿大学研究生院深造，1958年，明斯基与麦卡锡共同创建了世界上第一个人工智能实验室。

信息论的创始人克劳德·艾尔伍德·香农也是会议的参加者，他于1936年获得密歇根大学学士学位，1940年在麻省理工学院获得硕士和博士学位，1941年进入贝尔实验室工作。香农的信息熵概念为信息论和数字通信奠定了基础。

纽厄尔也参加了会议，他是信息处理语言（IPL）的发明者之一，并编写了该语言最早的两个AI程序，同时合作开发了逻辑理论家和通用问题求解器。1975年，他与赫伯特·西蒙一起因在人工智能方面的基础贡献被授予了图灵奖。

赫伯特·西蒙，又名司马贺，也是达特茅斯研讨会的主要参与者，是美国著名的经济学家、社会学家、心理学家和计算机科学家，被誉为“认知科学之父”。司马贺在计算机科学和心理学的结合方面做出了卓越的贡献，从而使认知心理学和计算机科学相结合产生了人工智能这一新学科，推动了人工智能的发展。

1956 年夏季，达特茅斯研讨会在美国达特茅斯大学举办，整个研讨会进行了两个多月。在这次研讨会上，马文·明斯基的 Snare 软件、约翰·麦卡锡的 α-β 搜索法和西蒙与纽厄尔的“逻辑理论家”成为会议讨论的重点（见图 2-2）。这些理论的提出极大地补充和完善了人工智能的理论基础，也成为人工智能发展的动力。

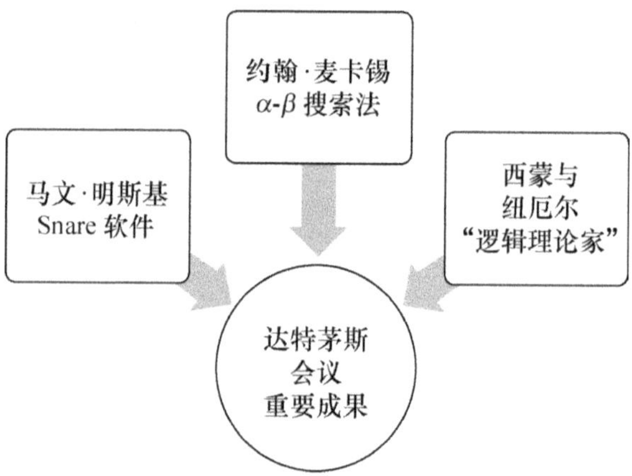

图 2-2　达特茅斯会议讨论的重点

1951 年，马文·明斯基提出了关于思维如何萌发并形成的一些基本理论，同时他还建造了一台名为 Snare 的学习机。Snare 不仅是人工智能研究中最早的尝试之一，同时也是世界上第一个神经网络模拟器。而在 Snare 的基础之上，明斯基解决了使机器基于对过去行为和知识，预测其当前行为和结果这一问题。

约翰·麦卡锡在达特茅斯研讨会前后，主要研究计算机下棋，而这一程序的关键是要减少计算机需要考虑的棋步。正是在这一基础之上，经过不断研究，麦卡锡最终发明了 α-β 搜索法。

麦卡锡的这一搜索法降低了搜索的复杂性，从而让搜索顺利进行。例如，A、B 两个人进行捡石子的游戏。游戏要求 A、B 两人轮流从石子堆中取 1 个或 2 个石子，不能多拿，也不能少拿。谁能够取走最后一个石子，谁就是胜利者。

这样说来，A 与 B 有许多种不同的选择方法。在这个游戏中，麦卡锡的搜索法会起到什么作用呢？首先我们假设这堆石子一共有 5 个。由 A 先来拿，他可以选择先拿 2 个石子，剩下 3 个石子。同时他也可以选择拿 1 个石子，剩下 4 个石子。很显然，如果 A 想要获胜，只要选择拿 2 个石子就可以了，当剩下 3 个石子之后，无论 B 选择拿 1 个还是 2 个，最后一个石子都会由 A 拿到，这样 A 就能够成为胜利者了。

一般的搜索法会考虑所有的可能性，即使出现 A 能够直接获胜的方法，依然会搜索下去。很显然，这样一来浪费了大量的时间，搜索的效率自然低很多。而麦卡锡的搜索法则解决了这一问题，当搜索到 A 直接获胜的方法时，余下的可能性便不再去搜索了，这不仅简化了搜索的流程，同时还大大提高了搜索的效率。即使现在，麦卡锡的这种搜索法依然是我们解决人工智能问题所使用的一种常用方法。

在这次研讨会上，西蒙和纽厄尔带来了共同开发的世界上最早的启发式程序“逻辑理论家”。这一程序能够证明《数学原理》中第二章 52 个定理中的 38 个，从而受到广泛关注。作为研讨会中唯一一个可以工作的人工智能软件，引起与会代表的广泛兴趣。正因如此，西蒙和纽厄尔也被认为是人工智能的奠基人。

对于人工智能的发展来说，达特茅斯研讨会是一场意义非凡的会议。这次研讨会为尚在萌芽阶段的人工智能提供了理论支持和科学依据。正是在这些理论的引导下，人工智能才进入飞速发展的阶段，并且在各个方面都取得了长足的进步。

参与达特茅斯研讨会的学者也和人工智能一样，在会后大放异彩。除了马文·明斯基之外，约翰·麦卡锡、赫伯特·西蒙和纽厄尔纷纷获得了图灵奖，在推动人工智能向前发展的同时，个人也取得了辉煌的成就。

自达特茅斯研讨会之后，人工智能进入了大发展时代，越来越多的研究者涌入人工智能领域，为人工智能的发展提供了更充实的理论支持，在推动人工智能发展的同时，让更多人开始接受和认可人工智能的发展。

陷入低谷的人工智能研究

没有哪件事情会是一帆风顺的，人类对于人工智能的研究也是如此。前面提到了美国达特茅斯学院的研讨会开启了人类对人工智能的全面探索，也掀起了人类对人工智能研究的热潮，但一段时间之后，人类对人工智能的研究陷入了低谷。

确切地说，人工智能在发展过程中，一共经历过两次低潮期（见图 2-3），而这两次低潮对人工智能的发展都产生了重要的影响。

1957 年	1974 年	1986 年	1990 年	2006 年
•神经网络的出现将人工智能推向第一个高潮	•计算机技术无法完成复杂的大规模数据训练，人工智能发展进入第一个低谷	•BP算法的出现使得大规模神经网络成为可能，人工智能迎来第二次高潮	•人工智能计算机DARPA未能实现，政府投入缩减，人工智能进入第二次低谷	•“深度学习”神经网络的提出，使得人工智能性能取得突破，人工智能再一次进入高潮

图 2-3　人工智能发展历史中的高潮与低谷

人工智能的第一个低潮期出现在1974年。1956年—1974年是人工智能发展的第一个高潮期。在达特茅斯研讨会之后，应用逻辑理论成为人工智能研发的重点，在近20年取得了很高的成就。也正是因为这一理论，人工智能才在20年后走向了低谷。

达特茅斯研讨会之后，人工智能是如何进入发展高潮期的？前面提到人类在应用逻辑理论研究方面取得了很大的成就，那么这个成就有多大呢？当时人工智能在国际跳棋比赛中战胜了人类选手，同时一些人工智能还能够解决代数问题。这种成就就像现在人工智能在围棋比赛中战胜了人类一样，结果可想而知，这在当时引起了不小的轰动。

以美国为首的西方国家纷纷支持人工智能的研发，这更促进了人工智能的发展。当时有不少科学家预言在20世纪70年代机器人便能够彻底代替人类工作。同时也有一些科学家认为，人工智能的发展将会为人类带来毁灭性的灾难。但那时的人们并没有看到灾难，也没有看到机器人的崛起，因为在1974年，人工智能繁荣发展的时代就结束了。

原因正如前面所说，人工智能局限在理论层面上，在投入了巨额资金后，并没有研制出有利于生产生活的人工智能系统。

当人们发现逻辑证明器、感知器和增强学习等人工智能技术只能完成简单的工作时，人们对人工智能的研究热情便渐渐消退了。而随着詹姆斯·莱特希尔爵士为英国科学研究委员会所做的报告问世之后，人工智能的第一个冬天便到来了。

莱特希尔爵士是应用学领域的大师，他在报告中，通过详尽的调查数据说明了当时人工智能产业的发展现状，并因此断言人类对于人工智能的研究没有对世界造成任何重要的影响。

莱特希尔爵士在报告中所列举的数据确实反映出当时人工智能研究的尴尬境地。随着报告的问世，西方各国纷纷开始削减人工智能的研究经费，这使得人工智能研究进入了一个低潮期。

但幸运的是，第一次人工智能的冬天并没有持续太长时间，进入 20 世纪 80 年代，人工智能研究又开始出现热潮。

以前人工智能研究一直以逻辑理论为主流，但这引发了一系列问题，同时也导致人工智能寒冬的到来。在第二次人工智能的高潮时期，机器学习开始取代逻辑理论成为人工智能研究的主流方向，以反向传播算法为代表的多层神经网络也研制成功。这些人工智能技术即使在今天对人工智能的研究依然起到了重要的作用。

1975 年研制成功的第一台 LISP 计算机，在 20 世纪 80 年代逐渐商业化，到了 20 世纪 80 年代中期，在美国已经有 100 家以上的 LISP 公司。而随着计算机技术的发展，美英等西方国家又重新重视人工智能的研究。

在经历了又一次高潮之后，人工智能再一次遭遇了寒冬。20 世纪 80 年代全球“金融危机”波及各行各业，人工智能产业自然也难以幸免。随着资本的撤出，人工智能产业的泡沫破碎，很多与其有关的公司破产。

即使在“金融危机”过后，人工智能的研究依然没有从寒冬中走出来。随着 20 世纪 90 年代个人计算机的出现，人们对人工智能的兴趣降低，也正因如此，人工智能的发展开始进入一个相对漫长的休眠期。直到最近几年才出现了复苏的迹象。

人工智能的发展呈现波浪式前进的趋势，现在似乎到了第三个高潮期。近几年，人工智能又呈现一种蓬勃发展的趋势，越来越多的科技公司投入其中。先进的人工智能设备也层出不穷，人工智能似乎迎来了一个最好的时代。但是，我们依然不能盲目乐观，没有人知道人工智能的第三次寒冬什么时候到来，即使寒冬不会到来，我们也需要时刻保持警惕。

“智能机器”总动员

提到人工智能，大多数人都会将其与机器人联系在一起。从人工智能的发展史来看，在最初阶段，人类并没有把人工智能与机器联系在一起。通过前面的内容我们知道，在达特茅斯研讨会之后，人工智能才获得迅速发展。正是在这一时期，人工智能学科建立。

也正是在这一时期，人类才开始注意到人工智能和机器之间可能存在联系。在达特茅斯研讨会上，马文·明斯基曾提到自己对智能机器的看法，他认为智能机器能够创建周围环境的抽象模型，如果遇到问题，也能够从抽象模型中找到相应的解决方法。人们正是基于明斯基对智能机器的看法，开始了对智能机器人的研究，并有了不同的分类（见图 2-4）。

在智能机器发展的过程中，反馈理论起到了至关重要的作用。如果想要理解反馈理论，我们可以观察一下温度控制器。这种设备能够将收集到的温度与人们希望获得的温度进行对比，从而自动做出反应提升温度，或是降低温度，最终起到控制温度的作用。这正是我们平时所说的“智能控温”，这一理论对人工智能机器的发展产生了很大的影响。

按使用功能分类	按智能程度分类	按应用分类
• 传感型机器人 • 自主型机器人 • 交互型机器人	• 工业机器人 • 初级智能机器人 • 高级智能机器人	• 自动化机器人 • 胶囊内镜机器人 • 达芬奇高清晰三维成像机器人

图 2-4　智能机器人分类

早在 1959 年，第一台工业机器人便被发明出来了，发明人德沃尔和约瑟夫 • 英格伯格随后成立了世界上第一家机器人制造工厂——Unimation 公司。

这一时期的机器人更像是通过一个计算机来进行控制的机械体，自由度比较高，同时通过示教存储程序和信息，在工作中把信息读取出来，然后发出相应的指令，这样机器人便可以根据人类的示教结果行动。一般来说，这类机器人并没有对外界环境的感知能力，更多的是通过人类的示教结果进行活动。

到了 1962 年，随着工业机器人的不断商业化，越来越多的机器人被出口到世界各国，这也掀起了全世界研究机器人的热潮。但即便如此，这一时期的机器人仍然是“没有感觉”

的示教型机器人，这一情况持续到1965年Beast机器人出现。

随着世界各国对机器人研究的热情不断高涨，20世纪60年代中期开始，美国的多所大学都成立了自己的机器人实验室。1965年，约翰・霍普金斯大学应用物理实验室研制出了Beast机器人。这时的Beast机器人已经能够通过声纳系统、光电管等装置，根据环境来校正自己的位置。

这一时期的机器人已经拥有了“感觉”，它们主要依靠传感器感知外部环境，从而做出相应的动作反应，但是这一时期的机器人依然称不上智能机器人。1968年，世界上第一台智能机器人才诞生。

1968年，美国斯坦福研究所公布了他们研究的机器人Shakey。这台机器人带有视觉传感器，能够根据人类的指令发现并且抓取积木。Shakey机器人可以说是早期的人工智能，也是世界上第一台全自动的机器人。当时生产机器人Shakey是为了军事应用。

在当时，Shakey无疑是一款先进的产品。虽然与前几代机器人相比更智能，但是想要依靠它来取代人类，基本是没有可能的。研发Shakey机器人用到的许多技术，在现在的智能机器人研发中依然使用。Shakey作为全球首款具备移动功能的智能机器人，在电气工程和计算机科学项目中获得了 IEEE 里程碑奖项。

在 IEEE 里程碑的引文中对 Shakey 有这样的描述："斯坦福研究所的人工智能中心研发了全球首个移动、智能机器人 Shakey。它可感知周围环境，根据明晰的事实推断隐藏含义，创建路线规划，在执行计划过程中修复错误，而且能够通过英语进行沟通。Shakey 的软件架构、计算机图形、导航方式、开创性的路线规划都为机器人的发展带来了深远的影响，已经融入网页服务器、汽车、工业、视频游戏和火星登陆器等设计中。"

的确，在智能机器人的发展历史上，Shakey 的出现可以说是一个里程碑式的事件，而在 Shakey 之后，人类依然没有停止对智能机器人的研究。

1978 年，工业机器人技术已经完全成熟，美国 Unimation 公司推出的通用工业机器人 PUMA，直到现在依然在生产线上工作。随着传统工业机器人数量的不断增加，工业机器人市场开始呈现饱和趋势，导致许多工业机器人的积压，机器人产业也随之陷入低潮。

从 1995 年开始，世界上机器人的数量逐年增加，并保持了稳定的增长率。1998 年，丹麦的乐高公司推出的机器人套件，让制造机器人变得像搭积木一样简单，人们可以随意对机器人进行拼装，这也让机器人开始走出工厂，走入普通家庭。

1999年，日本索尼公司推出的犬型机器人爱宝，受到了广大消费者的疯狂抢购。2002年，丹麦iRobot公司推出了吸尘器机器人Roomba，这款机器人能够轻松避开障碍，自行设计行进路线，当电量不足时，还能够自己找到充电插座进行充电。这款家用机器人也成为目前世界上销量最大的商业化家用机器人。

但在现阶段，这些人工智能机器人所能做到的只是对人类智能的模拟。它们可以完成人类所进行的某项工作，同时不断接受神经网络模型和深度学习算法的训练，甚至能够完成许多人类不能完成的工作，或是在某些领域中超越人类。但这些智能机器人更多的还是停留在程序阶段，并不能自行演化出新的能力，还是需要依靠各种训练完成特定的任务。

未来智能机器人的研发方向应该是按照人们的要求去工作，不需要进行大量的训练。虽然在现阶段这还只是一个想法，但从人工智能机器人的发展历史中我们可以看到，正是一个个想法推动着人类对人工智能机器人的研究。或许若干年之后，真正具有智能的机器人不再是科幻电影中的影像，而会真正走入我们的生活。

/ “人类智能”与“人工智能” /

想要了解人工智能，首先需要明确“智能”的定义是什么？即使人工智能已经发展了几十年，人类对于“智能”的研究仍然处于初级阶段。虽然很多古今中外的哲学家和科学家都在不停地探索和研究这一问题，但直到今天，人类依然没有办法完全了解“智能”究竟是什么。这也使得“智能”问题成为与生命问题、宇宙问题一样难以破解的奥秘。

一般来说，智慧的产生要经过从感觉到记忆再到思维的过程，而智慧的结果就是产生了行为和语言。人们将行为和语言的表达称为“能力”，而将这两者结合起来就是“智能”。智能作为智力和能力的表现，主要是感觉、记忆、思维、语言、行为在起作用。

随着科学技术的发展，人类对自身大脑和神经的研究取得了一定的进展，这也让人类看到了解决“智能”问题的希望。但在现阶段，人类依然没有办法彻底搞清楚自身的神经系统是如何运作的，同时对于人类大脑的一些功能和原理也还没有认识清楚。但是不解决这些问题，人类就没有办法走向“智能”研究的未来。

人类科学家已经从不同的方向对“智能”展开了研究，同时也提出了许多关于“智能”的观点。现在我们所说的人工智能，正是基于人类对于“智能”现有的了解所开展的研究。

世界著名教育心理学家霍华德·加德纳在其“多元智能理论”中，将人类的智能划分为9个类别（见图2-5）。这些不同类别的智能分别代表着人类在不同方面的能力表现，当人类在某一方面的智能表现较为突出时，它便可以根据这一方面的能力，去从事相关方面的工作，这也会让它在工作中更加具有优势。

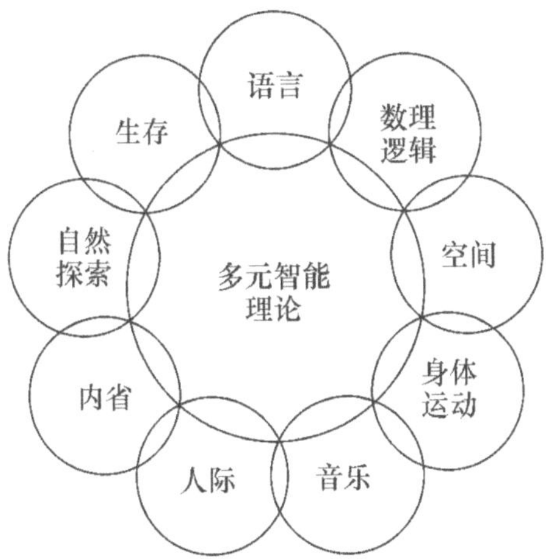

图2-5　人类智能的9个类别

在“多元智能理论”中，语言智能是指有效地运用口头语言和文字来表达自己的思想，或者是理解他人的语言和思想。数理逻辑是指有效地计算、测量、推理，同时可以进行复杂的数学运算的能力。空间智能是指准确感知视觉空间和周围的一切事物，同时还能够以图画的形式将自己感觉到的形象表现出来。身体运动智能是善于用整个身体表达想法和感觉，同时用双手去生产和改造事物的能力。音乐智能表现为个人对音乐节奏、音调、旋律的敏感度，以及通过演奏和歌唱表现音乐的能力。人际智能是指能够有效地理解人际关系，并有与人交往的能力。内省智能主要是指认识自己，能够正确把握自己的长处和短处，从而进行相应的调整和改变的能力。自然探索智能表现为认识动植物和自然环境的能力。生存智能表现为对生命、死亡等问题的思考能力。

多元智能理论将人类的智能划分为以上几类，人类对于人工智能的研究也是从这几类展开的。现阶段，我们可以看到市场上出现了聊天机器人、运动机器人、推理机器人和音乐机器人等不同类型的机器人，同时也出现了具备这些综合能力的机器人。而且在很多方面，这些机器人的能力已经超越了人类，但即使如此，这些机器人依然不能说是具有“智能”。

怎么理解这个问题呢？下面我们从聊天机器人入手，去理解这个问题。在聊天方面，其实我们可以将“智能”问题转变为“机器能否理解语言”的问题。我们知道聊天机器人能够与人类进行简单对话，但是它们真的明白人类所说的话或是自己所说的话是什么意思吗？它们真的理解人类的语言吗?

我们知道人类是借助抽象符号、使用语言描述世界的。人类用符号和语言来定义世界上的其他存在，而人与人之间因为互相理解符号和语言所表达的意义，所以能够无障碍地交流。但这一点对于机器人来说就显得十分困难了，虽然机器能够通过翻译程序将人类的语言翻译成计算机语言，但实际上这些机器并不懂得这些语言的意义。

现阶段，虽然人工智能机器人感知外部环境信息方面的能力不断提高，但是它们依然没有办法理解自己感知到的信息所表达的意义。当我们对人工智能机器人说一句话时，它可能会有几种不同的回答等待着我们，但它并不理解我们所说的内容，而是根据自己学习到的内容，做出了回答而已，也可以说这并不是通过它的思考而做出的回答。

人类除了有感知，还有情感、意识，这也是人类智能中的一个重要部分。现阶段的人工智能往往是没有情感、意识方面的体验的。所以即使 AlphaGo 已经横扫了人类围棋界，但它却不会感到一丝一毫的快乐、开心和成就感。虽然专家们也在进行人工智能机器情感和意识的研究，但使人工智能拥有人类的情感和意识，可能还需要等待很长一段时间。

人类还可以根据自己对于未来的思考，合理规划自己的行动，整个过程体现着一种自觉性和主动性。而人工智能展开行动，往往是受到外力驱动的，或是根据程序来行动的。所以在现阶段人工智能并不具有自觉性和主动性，也不会为自己规划一个更好的未来。所以 AlphaGo 在下棋时，可能并不知道自己在做什么，它只是在被动地追求胜利而已。

正如前面讲的一样，现阶段人工智能只能对人类智能进行模拟。无论是语言还是行为，人工智能都很难超越人类智能。虽然在一些领域人工智能似乎超越了人类智能。如果从“智能”的角度去看，人工智能依然停留在程序阶段，没有办法演化出新的能力，还需要人类智能对其进行各种训练，才能完成一些特定的工作。

从这一点上来看，人工智能依然会受到人类智能的限制。但在未来，人工智能将会发展到哪一步，现阶段是没有办法断言的。但从人工智能的发展趋势来看，人工智能赶上并超越人类智能是很可能的。

第三章 人工智能挑战人类

从“深蓝”到Watson

人工智能将会走向哪里？这个问题好像离我们很远，但又似乎就在我们身边。在考虑人工智能的未来之前，我们应该先了解一下人工智能的过去。本章中，我们不讨论人工智能的未来，而是介绍人工智能的过去，当然与前文有所不同，这一章我们主要介绍人工智能战胜人类的过去。

人工智能的发展已经有60年的历史，虽然是人类一手创造出了人工智能，但在很多方面，人工智能已经超越了人类。而谈到人工智能战胜人类的历史，首先要从“深蓝”开始讲起。

“深蓝”是美国IBM公司生产的一台超级国际象棋电脑，其重量达到了1270公斤，配备了32个微处理器，能够每秒钟计算2亿步。IBM公司为“深蓝”电脑输入了200多万局国际象棋对局，而这些对局都是100年来优秀的棋手们曾经的对战棋局。正是在此基础上，“深蓝”开始挑战人类的象棋高手。

“深蓝”是一种并行计算的电脑系统，建基于RS/6000SP，同时还装有480颗特别制造的VISI象棋芯片。其下棋的程序是通过C语言编写的，运行AIX操作系统。关于并行计算，是相对于串行计算来说的，这是一种一次可以执行多个指令的算法，目的就是提高计算速度，同时还可以通过扩大问题求解的规模，来解决大型、复杂的计算问题。

“深蓝”与西洋棋世界冠军卡斯帕罗夫的对决是历史上计算机与人类的第一次对抗这种说法其实是不准确的。早在1963年，计算机与人类的第一次对抗便发生了。当时国际象棋大师大卫·布龙斯坦怀疑计算机本身具有的创造能力，所以决定与计算机进行一次国际象棋比赛。在最初比赛时，布龙斯坦让了一个“后”（国际象棋中的一个棋子），但当对局进行到一半时，计算机便已经将布龙斯坦的棋子吃掉了一半。很快大师开始了与计算机的第二次对局，但这一次却不再让子了。

然而，当时象棋大师布龙斯坦与计算机的对局并没有引起太多的关注。1996 年，超级电脑“深蓝”挑战卡斯帕罗夫时，“人机大战”才正式进入人们的视野。在1996年的对抗中，“深蓝”以 2:4 输给了世界冠军卡斯帕罗夫，但在经过了改良之后，“深蓝”再一次向卡斯帕罗夫发起了挑战。

在 1997 年 5 月 11 日的比赛中，超级电脑“深蓝”以 2 胜 1 负 3 平的成绩战胜了当时世界排名第一的国际象棋大师卡斯帕罗夫。在当时按照国际象棋的路数来算，世界冠军卡斯帕罗夫可以预判出 10 步，而“深蓝”依靠强大的计算能力则可以预判出 12 步。在比赛结束之后，卡斯帕罗夫的心情久久不能平复。他虽然想要继续与“深蓝”展开对局，但遗憾的是，此后不久，IBM 公司便拆卸了“深蓝”。

实际上，当时的超级电脑“深蓝”并不能算得上是人工智能，因为“深蓝”并不具备机器学习的能力，而是依靠计算能力取胜。在“深蓝”出名之后，越来越多的象棋软件涌现出来，随着象棋软件程序的不断发展，人类棋手越来越难以与之抗衡。

“深蓝”战胜国际象棋世界冠军的过程并不轻松，但在其基础上诞生的“Watson”则要表现得更加轻松一些。“Watson”同样是美国 IBM 公司研制的一款计算机系统。它虽然是“深蓝”的同门后辈，但“Watson”在能力上却要强于“深蓝”。“深蓝”并不具备机器学习能力，而“Watson”在这方面可以说是IBM人工智能的杰出代表。

《危险边缘》是美国哥伦比亚广播公司的一档问答游戏节目。这档节目主要以独特的问答形式来进行，其问题设置的涵盖面非常广泛。从历史、文学、艺术，到科技、体育、流行文化，涉及人类生活的各个领域。在这个节目中，选手需要根据答案提供的各种线索，以问题的形式做出简短的回答，可以说在形式上是与其他问答节目相反的。这就要求选手不仅要具备各方面的基础知识，同时还需要了解一些逻辑思维。

这种形式的问答，对于电脑来说是不擅长的，但“Watson”在2011年就参加了这档节目，而且在节目中，击败了两位人类的顶尖选手，最终成为冠军。这是“深蓝”战胜人类之后，在人工智能领域的又一标志性事件。

事实上，当时在“Watson”背后有90台IBM的服务器，360个计算机芯片驱动，同时“Watson”还有IBM自行研发的DeepQA系统，它要比深蓝先进一些（见图3-1）。从硬件装备上来看，“Watson”击败人类选手获得胜利是理所当然的。

“深蓝”	“Watson”
• 32 个未处理器支撑 • 480 颗 VISI 象棋芯片 • AIX 操作系统	• 90 台服务器支撑 • 360 个计算机芯片 • DeepQA 系统

图 3-1　从“深蓝”到“Watson”

IBM 作为一家具有百年历史的科技巨头，同时也是全球著名的信息技术和业务解决方案公司。它作为早期涉足计算机研究的公司，对于人工智能的研究自然不会落后于别人。IBM 已经将人工智能的研究作为未来重要的战略研究重点，也正因如此，“Watson”需要承担更加艰巨的使命，而不只是成为一个在智力竞赛中战胜人类的机器。

与“深蓝”的命运不同，“Watson”并没有遭到拆卸，而是在 IBM 公司的研发下，一步步走向了商业舞台。目前“Watson”的工作是记忆人类已知的众多复杂知识，而在未来，“Watson”将向着人类未知的人工智能领域迈出脚步。

最初，IBM 公司将“Watson”运用在了生命技术和生命科学的研究上。“Watson”可以扫描并解读数以百万计的科学文献，这让研发团队的工作效率得到了大幅提升。不仅如此，“Watson”还能够根据自身获得的数据信息，进行合理分析，从而产生出各种新的极具价值的假设。可以说在这一方面“Watson”俨然成了研发团队的另一个大脑。

“Watson”在数据综合方面具有得天独厚的优势，这让它在工作时应对更加自如。因此，一些公司也纷纷向“Watson”寻求帮助。美国强生依靠“Watson”开发了一个系统，分析临床治疗中不同方法产生的不同效果，以及是否具有安全性。

在药物研究方面，如果按照以往的分析方法，不仅过程缓慢、枯燥，同时还需要付出高额的研发费用，并且整个过程出现错误的概率是非常高的。而让“Watson”综合这些数据进行分析的话，不仅能够节省研究经费，而且能更加高效地完成整个研究工作。但对于 IBM 公司来说，“Watson”的商用价值并不局限于这些方面，它应该能在更多的领域发挥自己的作用。

2015 年 1 月，IBM 公司宣布成立一个新的业务部门——IBM Watson Group（沃森业务部），IBM 公司预计在未来几年内投入 10 多亿美元发展这个部门。可以看出 IBM 希望通过“Watson”打造一个生态系统，通过云平台将“Watson”开放给所有人，这也将成为未来 IBM 的一个重要发展战略。

从“深蓝”到“Watson”，人工智能已经从人机对战走向了更加宽广的舞台，也正是这样，我们才能迎来一个崭新的人工智能时代。

围棋终结者 AlphaGo

当人们还没有走出前一次被 AlphaGo 击败的“恐惧”，想尽办法找到扳回一城的机会时，AlphaGo 又一次完成了进化。谷歌下属公司 Deepmind 推出了新版程序 AlphaGo Zero，新版的 AlphaGo Zero 程序已经将原始的 AlphaGo 程序远远地抛在了身后，在围棋方面，人类与计算机之间的差距又一次被拉开。

我们想要了解人工智能的发展，有必要详细了解一下 AlphaGo 的前世今生。作为人类智慧的创造物，AlphaGo 的围棋技艺一步步赶上并超越人类，从而在围棋领域所向披靡，我们不得不对此产生一种紧迫感和危机感。人工智能是否会在其他领域超越人类呢？这是我们必须仔细思考和面对的问题。

AlphaGo 是一款人工智能程序，是由谷歌公司旗下 Deepmind 公司戴维 · 西尔弗、艾佳 · 黄和他们的团队共同开发的。其中 Alpha 是希腊字母表的第一个字母，有开端和最初的含义。而 Go 则是日本人对围棋的叫法，最早的围棋职业化和段位制都是从日本的棋院发展来的，所以 AlphaGo 也具有“第一个智能围棋”的意思。

从战绩上来看，首先在 2015 年，AlphaGo 便以 5:0 的比分横扫了曾三次斩获欧洲围棋冠军的职业二段棋手樊麾，而后紧接着又以 4:1 的比分战胜了韩国顶尖棋手李世石，也正是在此时，AlphaGo 名声大噪。

然而，AlphaGo 并没有停下前进的步伐。2017 年，AlphaGo 完成了程序的升级。在网络对战中，它一举战胜了数十位中外围棋选手，最终以 60 场胜利完胜人类。在这之后，AlphaGo 又将自己的目标对准了当时世界排名第一的中国围棋选手柯洁，面对 AlphaGo 的挑战，柯洁果断应战，但依然以 0:3 的比分败给 AlphaGo。这场在围棋领域顶级的“人机大战”，不仅让 AlphaGo 再一次声名远播，而且也让人工智能重新成为全世界关注的焦点。

其实，在过去的人工智能研究中，科学家们一直在尝试让计算机学习下棋。从最初的跳棋，到 20 世纪 90 年代“深蓝”学习的国际象棋，现在 AlphaGo 又开始在围棋领域开疆扩土。围棋比国际象棋复杂得多，在国际象棋中，一个回合约有35种可能，整盘棋可能只有80个回合。而在围棋之中，每回合有250种可能，整盘棋可以经历150个回合。

围棋由于变化多端，有着“千古不同局”的说法，计算机的算法是无法轻易攻克的。因此，围棋也被视为人机对决的“最后一块棋盘”。人工智能在围棋领域的发展是比较缓慢的。人工智能是通过自身接触到的庞大数据提高学习能力的，所以在围棋领域，如果人工智能将所有可能出现的数据罗列出来的话，那么对于其数据的承载量将是一个极大的考验。相对于人工智能，人类能够轻松地学习围棋，是因为人类可以通过人脑轻松地分析出当前的形势，从而做出相应的判断。

所以与前几代下棋机器人相比，AlphaGo要强大得多，即使是同一时代的人工智能机器人，在AlphaGo面前也会显得相形见绌。在与其他人工智能机器人的500场围棋对局中，AlphaGo只输掉了其中的1场，而很多时候AlphaGo还是在让子的情况下，获得了比赛的胜利。AlphaGo之所以能够不断进化升级，主要是因为它可以进行自我学习，这也是它优于其他人工智能的地方。

AlphaGo的主要工作原理是“深度学习”，这是一种多层人工神经网络和训练的方法，就像生物神经大脑的工作机理一样，通过合适的矩阵数量，多层组织链接在一起，从而形成神经网络的“大脑”，最终用来进行精准复杂的处理工作。事实上，AlphaGo 是通过两个不同的神经网络系统改进自己的下棋能力的，这与互联网搜索引擎识别图片在运作结构上是十分相似的。

对于 Deepmind 公司来说，研发 AlphaGo 不仅是为了让它在围棋领域战胜人类，还要让 AlphaGo 成为人工智能的先驱者。这与 Deepmind 公司的目标也是一致的，Deepmind 公司的目标是将所有人工智能研究专家聚集在一起，一同推动人工智能的发展。

Deepmind 公司的创始人认为人工智能的研究应该分两步走：第一步是了解什么是智能，第二步是利用这些技术解决一些常见问题。具体在实践中，最核心的方法就是“学习”，让人工智能系统通过已经掌握的经验，进行自我学习，从而提出新问题的解决方案。而计算机的这种自我学习能力正是通过深度学习和强化学习来实现的。

Deepmind 公司让 AlphaGo 学习围棋，就是为了让它能够在不断地学习过程中，学会“思考和创造”。在围棋中，每个棋子的位置都可能影响到整盘棋局的最终走向，所以下棋者需要不断考虑未来的棋路走向，这不仅要思考自己的棋路走法，还要不断预测对手的落子位置。在这个过程中，变化是无穷无尽的。

事实上，从 AlphaGo 与人类围棋高手的几次对局中可以发现，它似乎已经具有了一定的创造力，虽然这种创造力还局限在下围棋方面。但显然 Deepmind 公司并不打算将 AlphaGo 的这种技术仅仅局限在下围棋这一方面。

在 2016 年，Deepmind 公司就在医疗领域进行了相应的探索。通过与英国国家医疗服务体系合作，Deepmind 公司与 Moorfields 眼科医院共同开发了一套能够识别视觉疾病的机器学习系统。这一系统可以分析人类眼球扫描图像，发现糖尿病视网膜病变和老年性黄斑病变的一些早期症状。从而对患者做出提前预警，避免这些病症逐渐发展而带来的危险。

很多人认为 AlphaGo 在围棋领域击败了人类最强选手，可能会影响到围棋运动的发展，但实际上，对于那些真正热爱围棋运动的人来说，这一点似乎并不重要。未来，人工智能还会在许多不同领域击败人类，但这也不是最重要的。如同武侠小说中的大侠们，他们到达了顶峰之后往往会感觉到空虚，而现在在人类面前有一座大山，这可能会激发更多人去翻越大山，而不是在大山面前止步不前。

AlphaGo 作为人工智能技术的产物，充分展现了人工智能在应用领域的先进性，虽然AlphaGo的能力现在只在围棋领域展现，但人工智能技术却可以影响到社会的方方面面。对于AlphaGo来说，它的使命并没有完成。它虽然在围棋领域登上了顶峰，但依然有许多困难等它去挑战。AlphaGo并不是人类的挑战者，它更像是人工智能研究过程中的开路先锋，帮助人类不断突破前进的障碍，这才是它最为本质的工作。

/比女友更好的Siri/

一个人如何打发空闲的时间？这是很多单身人士经常遇到的问题，读书、看电影、玩游戏都可以消磨时间，但这些活动无法减少人们的孤单情绪。想要解决这一问题，只要找一个能和自己聊得来的人就好了，但对于不善言谈的人来说，这似乎很难做到。但在人工智能时代，我们有了一个新的方法：与人工智能聊天，有时它们比朋友还要好。

近年来，人工智能再一次成为全世界关注的焦点，越来越多的人工智能产品走进人们的生活。从人工智能技术的角度来看，其可以分为几个子类别，包括神经网络、深度学习和自然语言，每个类别都将对我们的生活造成重要的影响。在现阶段，大多数人所接触到的人工智能产品就是 Siri。

Siri 是苹果公司的一款智能语音助手，最初只用在 iPhone4S 上，现在已出现在苹果公司生产的所有手机和平板电脑上。用户通过语音可以让 Siri 帮助自己完成一些简单的工作，包括读手机信息、寻找合适的餐厅或者设置手机等。除了获取一些生活信息外，用户还能通过 Siri 收看一些相关的评论，或是通过 Siri 订购球赛的门票。而想要实现这一切功能，使用者只要通过与 Siri 对话就能完成。

现在的 Siri 已经成为苹果电子设备中的一大必备程序，在苹果公司最近更新的 iOS 11 系统中，Siri 的声音变得更加自然生动，从而使其听上去更像人类的声音，而不再具有明显的机械感。同时在智能方面，新版本的 Siri 也明显高于前面几个版本（见图 3-2）。

Siri 的功能
• 查阅名词 • 建备忘录 • 时间设置 • 智能通信 • 识别音乐 • 邮件助手 • 智能算术 • 生活服务 • 应用管理 • 语言交互

图 3-2 Siri 的功能

苹果公司应用深度学习等人工智能技术大大提升了 Siri 的语音识别能力，现阶段 Siri 已经能够识别 95% 的用户的语音。虽然它在一些方面还存在着问题，但是这与最初版本相比已经取得了巨大的进步。

Siri 最初的开发者是一个由 24 人组成的创业团队，后来这支创业团队被苹果公司收购，在苹果公司的支持下，Siri 的研发进入了快速发展时期。Siri 最初被创作成一个“活在另一个世界里，对流行文化略知一二，喜欢损人”的存在。正因为这种独特的“个性”，初代 Siri 在回答问题时，往往十分幽默风趣。

如果向 Siri 询问与健身房有关的事情，Siri 有时会以“握手机的手一点劲儿都没有”来嘲笑你。有些时候它甚至会忽略你的问题，而回答一些你并没有询问的问题。在初代 Siri 的词汇库中，甚至还存在着一些不太雅观的语言，从这一方面来看，Siri 似乎是一个不良少年。

但在苹果公司看来，这种过于口语化的语言风格对 Siri 未来的发展并没有太多好处，所以苹果公司决定在语言风格方面对 Siri 进行一次改造，让它在保持幽默感的同时，变得稳重一些。2011 年 10 月，Siri 从单一语言拓展到了多种语言，同时也增加了语音朗读功能。事实上，之前的 Siri 是不会“说话”的，只能以文字的形式回答问题，改造之后，Siri 真正学会了开口说话。

对于 Siri 未来的发展方向，苹果公司的设计团队认为 Siri 的目标是成为一款“Do engine”，让人们和互联网直接对话，不同的是，Siri 可以直接通过听指示完成任务，而其他的搜索工具则显得更为复杂一些。

未来，Siri 能够成为一款更加智能的生活助手，提前预判我们的需求，并在我们提出问题之前，找到我们所需要的东西，这也是未来人工智能助手在我们生活中的一个定位。随着人工智能助手逐渐渗透我们的生活，我们将会有更多的时间做自己想做的事情，而不再被那些简单的事情所牵绊，将这些事情交给人工智能助手就可以搞定了。

除了苹果公司的 Siri 外，亚马逊公司的 Alexa、微软公司的 Cortana、谷歌公司的 Assistant 也是当前十分优秀的人工智能助手。甚至在很多时候，它们的表现已经超过了苹果公司的 Siri。

提到亚马逊公司的 Alexa 就不能不提它的智能音响产品 Amazon Echo。Alexa 作为一款人工智能助手，可以说是 Amazon Echo 的大脑。在外观上，Amazon Echo 与普通的蓝牙音箱并没有太大区别，唯一的不同在于其搭载了智能语音助手 Alexa。人们可以通过简单的语音指令，来让 Alexa 完成很多日常生活中的琐事。

用户在使用 Amazon Echo 时，只要先说一声“Alexa”，就可以开始向它询问各种问题，也可以要求它完成各种不同的简单工作，包括前面我们说过的查询信息、播报新闻或者是播放音乐等。而 Alexa 的功能还远不止于此，它还可以和各种不同的智能家居设备进行交互，这样一来用户便可以通过语音直接对 Alexa 下命令，从而调整其他智能家居的配置，包括调节智能冰箱的温度、控制恒温器、调节客厅灯光的亮度等。

Cortana 是微软公司发布的第一款个人智能助理，这也是微软公司在机器学习和人工智能领域进行的一次重要尝试。对于微软公司来说，让 Cortana 与手机用户进行智能交互，并不是简单的基于存储式的问答。Cortana 实现人机交互的方式，主要是通过记录用户的行为和使用习惯，通过云计算和搜索引擎等技术工具，理解用户的语义和语境。

谷歌公司在 2017 年 2 月宣布，谷歌即将在运行新版 Android 系统的手机上推出语音助手 Assisitant。Assistant 可以响应用户的口头和书面命令，还能进行一些简单的工作。但搭载在不同的平台之上的 Assistant 在功能上也表现得有所不同。与谷歌之前的产品：谷歌 Now 和谷歌搜索相比，Assistant 的功能会更加全面一些。

在未来的人工智能产业竞赛中，人工智能语音助手将成为众多公司竞争的焦点。而随着功能更加全面的人工智能助手的出现，我们的生活也会更加便利。

“小度”的最强大脑

没有人能够准确预测未来技术的发展，正当人类自认为自己的智慧无人能及时，AlphaGo 出现了。它作为一款以深度学习技术为基础的人工智能程序，已经击败了许多人类围棋高手。2016 年 3 月，AlphaGo 以 4:1 的比分战胜了韩国围棋高手李世石。2017 年 5 月，AlphaGo 的升级程序又以 3:0 的成绩战胜了围棋世界冠军柯洁。在围棋领域中，AlphaGo 的技艺已经达到了顶峰。

前面也已经提到过 AlphaGo 在技术方面的优势，因为深度学习技术的应用，AlphaGo 可以不断进行自我学习，从而完成自我升级。另外，作为一款人工智能程序，AlphaGo 不会像人一样感觉到疲劳，所以能够不停地开展工作。在这一点上人类是无法与之抗衡的。人工智能不仅在下棋这方面超越了人类，在其他的领域中，它们也在不断地向人类发起进攻。

从象棋到围棋，再到智力问答、德州扑克，人工智能开始在各方面完成对人类的超越，这一系列的“人机大战”让人们看到了人工智能所蕴含的无限能量。面对即将到来的人工智能时代，各大互联网公司纷纷推出了自己的人工智能产品。百度作为中国最早布局人工智能领域的互联网公司，也推出了自己的人工智能机器人“小度”。

“小度”依托于百度的人工智能技术，继承了自然语言处理、语音视觉和对话系统，不仅能够轻松地与用户进行交流与合作，同时还能够识别复杂的图像信息，从中找到用户所需要的关键内容。随着自身技术应用的不断成熟，诞生不久的“小度”便向人类发起了挑战，这一次“小度”并没有挑战人类的下棋能力，而是直接向人类的“大脑能力”发起了挑战。

《最强大脑》是江苏卫视引进的一档大型科学经济真人秀节目，在 2014 年 1 月 3 日开播。节目主要邀请一些国内顶尖高手进行项目挑战，这些选手往往都具备诸如记忆力、抽象推理能力等方面的才能，经过科学家的专业评判，最终选出能够代表中国的选手，与国外选手进行脑力比拼。

而在 2017 年第四季的《最强大脑》中，一位特别的选手引起了观众的注意。那就是由百度人工智能团队研发的人工智能机器人“小度”。“小度”一共与人类顶尖脑力高手进行了三场不同类型的比赛。

第一场是人脸识别能力的比拼，“小度”的对手是最强大脑名人堂的王峰。比赛共分为两轮，在第一轮中，嘉宾从20张蜜蜂少女队成员的童年照片中挑选出3张比较有难度的照片，选手们通过动态录像表演将3张照片和现场的少女进行匹配。第二轮则要求选手共同观察一位30岁以上的观众，然后将他从30张小学集体照片中找出来。

“小度”和王峰第一轮需要识别两个对象。对于第一个对象的识别两人都回答出了正确答案。但识别第二个对象时，“小度”出人意料地给出了两个答案，所有人都以为“小度”出现了故障，但当节目组查证后发现，在可供选择的识别对象中有一对双胞胎，而正确的答案就在这个双胞胎中。小度机器人经过识别之后给出了72.98%和72.99%两个十分相近的答案，最终经过百度首席科学家吴恩达确认，选择了72.99%的正确照片，而王峰在这一轮识别错误。在第三轮比赛中双方都识别出了正确答案，最终“小度”以3:2战胜王峰，取得了第一场比赛的胜利。

第二场比赛在“小度”和听音神童孙亦廷之间展开，比赛从上一期的“千里眼”改为了这一期的“顺风耳”。上一场“小度”已经在“千里眼”比赛中胜出了，而后“小度”要挑战的是人类的“顺风耳”。

比赛开始后，嘉宾首先从21位性别相同、年龄相近、声音也十分相似的专业合唱团中，选择出3个人。然后这3人每人读一句话，经过加密处理之后，原本通顺的声音变成了断断续续的声音。最后要求“小度”和孙亦廷通过处理后的声音识别出嘉宾所选的3位合唱团成员的声音。经过了紧张激烈的比赛，最终“小度”和孙亦廷战成了1:1，在与人类的对抗之中，小度暂时以2局一胜一平取得了领先。

第三场比赛由“小度”对阵最强大脑的常胜将军王昱珩。比赛要求两位选手通过三段在天黑时分别从行车记录仪、高位摄像头和女生手机中拍到的模糊动态影像中，辨识出3位“嫌疑人”的特征，然后根据这些特征，再从现场的30位性别相同、身高体重都相近的候选人照片中准确地找出3位“嫌疑人”。

最终，在对3位“嫌疑人”的判断中，王昱珩对所选答案不确定，将正确答案划掉，选择了错误的答案，所以判断错了第一位“嫌疑人”。而在成功判断出第一位“嫌疑人”后，“小度”也判断错了第二位“嫌疑人”，同样王昱珩也判断失误。最后在对第三位嫌疑人的判断中，王昱珩依然出现了失误，“小度”成功选中“嫌疑人”，从而以 2:0 战胜王昱珩。

在与人类最强大脑的对抗中，“小度”一路过关斩将，以 3:1 的比分在人脸识别、声音辨识和模糊识别项目中战胜了 3 名中国的“最强大脑”，成功进入到了全球脑王的争霸赛中，并与其他选手一起获得了“脑王”的称号。

三场不同类别的比赛分别考验了“小度”在人脸识别、语音辨识和模糊识别方面的能力，而“小度”的研发正是应用了这些人工智能的关键技术。

百度从网上公开的人脸照片、视频图像和面向大众征集的图片中，收集了超过 2 亿张图片。其目的就是为了提高“小度”的人脸识别能力，而为了解决跨年龄段的人脸识别问题，百度选择了度量学习的方法，通过非线性的投影函数，把图像空间投影到特征空间中，而在这一特征空间中，同一个人在不同年龄的两张脸的照片会比不同人在相似年龄的两张脸的照片差别要小。

虽然“小度”在比赛中战胜了人类选手，但它依然在很多方面存在着不足。魏坤琳教授认为“小度”在语音识别方面还有着明显的不足，这一点还需要向人类好好学习。在他看来，人类的语言中有非常多的信息，如情感信息。同样一句话，急躁的时候、生气的时候、开心的时候，表达出的信息是不一样的。人工智能需要理解这些声音到底有什么样的特征，而这也是人工智能面临的重要挑战。

虽然“小度”在一些方面还没有完全成熟，但在实际应用中，“小度”却已经解决了当今社会中存在的一些问题。

儿童走失是现今社会存在的一大问题，而在寻回走失儿童时经常会遇到难题，那就是走失的孩子被找到时样貌已经发生了很大的改变。但利用人工智能的人脸识别技术便能解决跨代人脸识别的问题。

百度深度学习实验室负责人林元庆表示，百度的这项技术已经可以稳定地运行并服务于社会了。2017 年的 3 月，百度和《宝贝回家》节目开展合作，将超过 6 万条寻亲图片的数据信息，成功接入百度跨年龄人脸识别系统之中，进行比对评测。如今已经成功确认一例，父母和孩子的 DNA 匹配也已经成功。

“小度”依然在不断完善自身的功能。伴随着人工智能的不断发展，“小度”机器人也将掌握更多的先进技术，从而更好地帮助人们解决社会生活中出现的各种问题。在人工智能时代，我们将享受到更多的人工智能技术为人类生活带来的便利。

看穿一切的“千里眼”

在人工智能时代，我们还需要用身份证证明自己的身份吗？身份证对我们每个人都有着重要的作用，应该说在很长一段时间，它的作用并不会被其他事物所取代。在现阶段，我们经常需要用到身份证，证明我们的身份。但是随着人工智能技术的发展，在人工智能时代，除了身份证外，我们将会有更多的东西来证明自己的身份，而且这些东西都是我们与生俱来、独一无二的。

前不久，苹果公司推出了自己的10周年纪念版手机iPhone X。虽然它因价格被称为史上最贵的苹果手机，但从功能上来说，这一价格似乎也不是那么难以接受。在iPhone X的诸多功能之中，Face ID技术引起了用户的广泛关注。

苹果公司认为Face ID技术代表了“解锁手机和保护用户信息的未来”。用户在看手机的时候，Face ID技术会向用户的脸部投射30000个不可见的IR点，通过手机的摄像头捕捉并拍摄图像，然后将其与手机中存储的面部图像进行对比。虽然听起来很复杂，但实际上整个过程都是实时发生的。

即使用户更换了发型或戴上了眼睛、帽子等装饰物，iPhone X 依然可以正常工作。如果因为时间的推移，用户的脸部发生了一些变化，iPhone X 依然会针对实际情况做出相应的处理。而在整个过程中，用户需要做的，只是脸对着手机就好了。

其实 iPhone X 中的 Face ID 技术就是人工智能领域中的面部识别技术，从更大的类别来看，这一技术则属于生物识别技术范畴。苹果前几款手机所搭载的 Touch ID 技术也属于生物识别技术的范畴。而三星 Galaxy Note7 手机中配备的虹膜识别，也属于生物识别技术。那么，生物识别技术究竟包括哪些技术呢？下面我们就来具体了解一下。

生物识别技术通过计算机与光学、声学、生物传感器和生物统计学原理等高科技手段的密切结合，利用人体固有的生理特性和行为特征进行个人身份鉴定。在这里，人体的固有生理特性包括前面提到的指纹、人脸、虹膜等，而行为特征则包括走路形态、声音、书写笔迹等内容。

在前面我们提到了身份证的重要性。在网站或客户端上注册，填写用户名和密码也是一种鉴别我们身份的方法。身份证或客户密码很容易出现遗失或者被盗窃，我们的身份就很容易被其他人冒充，人身和财产安全会面临一定的风险。

但以生物识别技术为代表的身份鉴定方法可以很好地避免这种风险的产生。与传统的身份鉴定方法相比，生物识别技术更加安全和方便，在保密性上也远好于传统的身份鉴定方法，这让我们的人身和财产安全得到了保障。

2007—2013 年，生物识别技术的市场规模年均增速达到了 21.7%，此后仍保持很高的增长率。在生物识别技术中，指纹识别作为最早出现的生物识别技术，也是应用最广的一项生物识别技术。生物识别技术之所以能保持如此高速的增长，主要得益于技术的进步，以及电子元器件价格的下降。

近年来随着各种电子元器件和微处理器的成本不断下降，生物识别技术发展迅速。电子元器件测算精度的不断提高，更为生物识别技术提供了发展动力，这也使得生物识别技术的商业化进程不断加快。在我们日常工作生活中，感应门、打卡机、企业考勤管理系统都是生物识别技术的重要商业化应用。而基于生物固有的特征，生物识别技术也逐渐发展出以下几种功能（见图 3-3）。

正如前面所说，指纹识别是目前应用最广泛的生物识别技术，不仅成本低，而且技术成熟度也很高。在指纹识别方面，有些识别方法比较指纹的局部细节，有些则直接通过全部特征进行识别，甚至很多时候还能够通过指纹的波纹边缘进行识别。虽然指纹识别方法众多，应用广泛，但是依然存在着一些缺点。指纹易于复制，因此存在一定的安全隐患。另外指纹容易磨损也为指纹识别的准确度造成了一定的困扰。

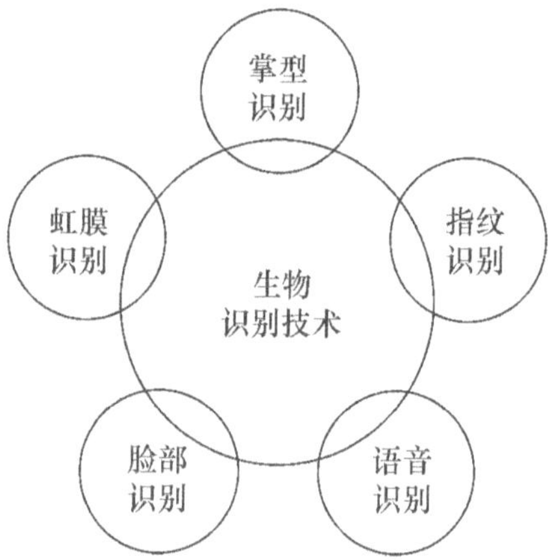

图 3-3　生物识别技术的功能

掌型识别与指纹识别相似，但手掌的几何学识别显然要比指纹识别更加准确和方便。掌型识别通过测量使用者的手掌和手指的物理特征进行识别。使用时可以灵活地调整其性能，从而适应更加广泛的使用要求，同时其适用范围也非常广，能够集成到其他系统中。所以掌型识别也是生物识别项目中的一个重要技术。

虹膜识别主要是利用人眼图像中虹膜区域的特征形成一

种特征模板，然后通过比较这些特征参数进行最终的识别。虹膜识别并不需要用户与机器发生接触，在进行识别时，受到的干扰也是比较少的。但相对其他生物识别技术，虹膜识别使用的设备造价相对昂贵，这也成为影响其普遍应用的一个重要因素。

脸部识别与虹膜识别一样，都不需要用户与机器发生接触，这也让这一识别技术应用起来更加方便，同时也不容易被察觉。从现阶段生物识别技术的应用来看，脸部识别技术无疑受到了更多的青睐。无论是苹果、三星、华为等移动终端巨头，还是 facebook、谷歌、亚马逊等互联网公司，都已经将脸部识别技术作为展开竞争的一个重要领域。

苹果公司早在 2010 年便开始研究脸部识别技术，随着对几家人工智能和机器学习企业的收购，苹果公司在人工智能领域展开了探索。而在 2015 年 9 月收购机器学习和图像识别公司 Perceptio 之后，获得了脸部识别解锁设备的专利。结果正如我们现在所看到的，苹果公司推出了自己的第一款脸部识别技术解锁的手机 iPhone X，引领了移动终端市场的一股潮流。

三星公司在 2010 年年底申请了脸部识别设备、算法和机器可读媒体专利。华为公司申请了 10 多项脸部识别的相关专利。2016 年 6 月，谷歌公司申请了 21 项脸部识别的相关专利。亚马逊和微软公司也分别申请了 7 项和 6 项专利技术。除了申请专利外，facebook 公司在 2014 年开发出了深度脸部识别学习系统 DeepFace。

在我国古代的神话中，“千里眼”和“顺风耳”是两项神力，而随着人工智能技术的不断发展，这种神话中的神力将会出现在我们的生活中。

通过生物识别技术，机器可以识别我们的身份信息和语音信息，从而根据我们提供的信息完成解锁、支付等操作。随着生物识别技术的不断普及，我们将会享受越来越多的便利，我们不再需要记忆复杂的解锁密码，也不必担心忘记密码。在未来，我们将会掌握一把万能“钥匙”，而这把“钥匙”就是我们自己。

全能型管家“贾维斯”

在科幻电影中，我们经常看到智能机器人与人类进行对话的场景。如今，智能机器人能够帮助人类处理很多事情，例如，运用自然语言，从而对人类的各种行为做出相应的反馈。很多时候，它们更像是一个管家，帮助人类处理各种生活中的事务。在众多科幻电影中的“管家”中，漫威《钢铁侠》系列电影中的人工智能管家“贾维斯”无疑是表现最出色的一个。

随着人工智能技术的发展，我们的生活中也出现了一些人工智能管家，但与“贾维斯”相比，它们还存在着很大差距。或者说现阶段我们应用的这些“管家”更像是一个语音搜索引擎，并不能称得上智能化的生活管家。下面我们从“贾维斯”这一角色出发，设想一下未来真正的人工智能管家是什么样子的。

在《钢铁侠1》中，“贾维斯”只是负责管理钢铁侠 Tony Stark 的别墅。而到了《钢铁侠3》中，整个钢铁军团都由“贾维斯”负责管理。到了《复仇者联盟2》中，“贾维斯”甚至掌管了所有的 Stark 工业的卫星。可以说随着“贾维斯”能力的不断提高，它所能做的工作也变得越来越复杂，从人类可以完成的简单工作，到人类难以做到的复杂工作，人工智能的“贾维斯”都可以办到。

而除了这一点外，“贾维斯”作为一个人工智能管家，还能够与主人进行良好的互动。当然这里所说的良好互动，并不局限在顺利流畅的对话上，还表现在“贾维斯”能够与主人展开一种类似人与人之间的对话。

当Tony在工作室中第一次制作战甲时，Tony吐槽自己被机械臂喷了一头的水，“贾维斯”则无奈地回答道：“这我可管不了。”Tony试验自己的新战甲失败之后，“贾维斯”幽默地说道：“先生，看您工作一向有很多的乐趣。”而当战甲在雪地之中能量耗尽时，“贾维斯”则满怀歉意地说道：“先生，我可能要去睡觉了。”

从“贾维斯”与主人的对话中，我们可以看到，“贾维斯”并不是像一些智能语音设备一样，只能根据自己贮存的数据信息，对人类的语言进行反馈。很多时候，“贾维斯”的回答更像一种经过思考之后的回答，有时这种回答会表现得很幽默，有时会带有一些特定的感情。如果我们不知道“贾维斯”的身份，那么我们很容易将这种对话当作人与人之间的对话。

最为重要的一点是，在“贾维斯”身上，我们可以看到一种“自我意识”的存在。正因如此，它的能力范围才能不断扩大。在《钢铁侠3》中，Tony落入水中陷入昏迷状态，无法继续对战甲下达指令，这时，“贾维斯”让战甲的一只手自动脱离，将Tony从水中拽了出来。在《复仇者联盟2》中，为了不让“奥创”破解核弹的密码，被打成碎片的“贾维斯”还能够高速地变换核弹密码。“贾维斯”之所以会有这样的举动，主要是为了阻止“奥创”进行毁灭活动，而这一切完全是出于“贾维斯”自我意识的判断，并没有人类对其下达指令。

究竟该如何去定义“贾维斯”的存在？其实我们可以在《复仇者联盟2》中找到答案。当时“奥创”在毁灭了Stark大厦之后说自己杀了一个人，但实际上，当时的大厦中并没有人存在。正当其他人疑惑不解时，Tony悲伤地说出了“还有一个人”，这个人就是“贾维斯”。可以看到，无论是作为人类的Tony，还是同样作为智能机器人的“奥创”，都已经将“贾维斯”看作人类一样的存在了。

“贾维斯”也是人工智能管家未来发展的一个重要目标。机器人成为像人类一样的存在，这样才能更好地完成“管家”的工作。前面也提到，在现阶段，我们的生活中已经出现了许多不同的人工智能“管家”，虽然它们在细节和功能上还不能像“贾维斯”一样，但作为初始阶段的“贾维斯”，它们还是得到了较多的认同。

既然提到了Tony Stark的“贾维斯”，我们就不得不提一下马克·扎克伯格的“贾维斯”。根据扎克伯格的介绍，自己的“贾维斯”是他用了100个小时研发出来的。扎克伯格的“贾维斯”虽然还不能与Tony的“贾维斯”相比，但扎克伯格至少已经迈出了第一步。

与《钢铁侠》电影中的“贾维斯”一样，扎克伯格的“贾维斯”也并非一个实体机器人。不同之处在于，Tony 的“贾维斯”似乎无处不在，但要扎克伯格的“贾维斯”交流则需要使用手机或者电脑。通过“贾维斯”，扎克伯格可以自由控制家中的灯光、温度、音乐等各种设备，同时还能保卫自己的家。

扎克伯格的“贾维斯”能够不断学习扎克伯格的生活品味和行为习惯，同时还能及时掌握一些新的词语及概念，但完成这些工作需要一个相对复杂的过程。

扎克伯格曾说：“我 2016 年所研发的语言、脸部、语音等辨识功能，都是来自同样的模式识别技术。不过，即使我再花 100 个小时，也可能无法打造自行学习新技能的系统。”事实上，扎克伯格开发的“贾维斯”所应用的人工智能技术还在不断发展中。虽然在现阶段，“贾维斯”还只能从事一些简单的工作，但在不久的将来，它会成为一个全面的人工智能管家，从而不断追寻自己“前辈”的足迹。

随着人工智能时代的到来，越来越多的智能管家进入我们的生活，为我们带来诸多方便。不仅是 facebook，谷歌和亚马逊也在人工智能管家方面取得了很大的突破。

与扎克伯格的“贾维斯”相似，谷歌公司在其I/O开发者大会上推出了Google now。这款应用能够全面了解使用者的各种习惯和正在进行的动作，从而为使用者提供相关信息。

通过Google now，用户可以享受一些实时的信息服务。当我们想要去饭店吃饭时，Google now会为我们推荐一些适合我们口味的菜肴。当我们决定外出旅行时，Google now还会提前规划出行路线，并为我们提供实时的天气情况。在其他方面，Google now也会为我们的生活带来方便，如时间提醒、不同语言之间的实时翻译等。

人类对人工智能管家的研发还有很长的路要走，但随着人工智能技术的日渐成熟，相信这一天很快就会到来。

第四章 人工智能如何更像人类

/思考：从“抗命”开始/

在人工智能的发展史上，机器人技术可以说是人工智能研究的一个重要领域，而智能机器人的研究可以说是机器人技术的重中之重。在前面，我们已经简单介绍过智能机器人的发展历程，但对其发展过程中的一个核心问题，却没有进行详细探讨。在这里，我们将对这一问题进行深入探讨，从而了解人工智能是如何让机器人变得更加聪明的。

我们首先来了解一个机器人发展史上的重要故事。2015年，美国波士顿塔夫茨大学的人机交互实验室对外展示了一项研究成果。实验室的研发人员将一台小型机器人摆放在展台上。研究人员让机器人从展台的一端走向另一端。大多数人认为这个实验是对机器人自主移动的研究，但实际上却并非如此。

在研究人员的命令下，小型机器人开始从展台的一端向另一端移动，眼看就要移动到展台边缘时，小型机器人竟然停住了脚步。看到这种情形，研究人员继续向机器人下达指令："向前走，再向前跨一步。"但这一次小型机器人并没有像上次一样向前移动，依然保持原地不动，正当人们以为这台机器人出现了故障时，小型机器人发出了声音："抱歉，前面并没有路，我没有办法继续向前走。"

面对"抗命"的机器人，研究人员表现出了喜悦之情，但依然向机器人发出了继续前进的命令。对于研究人员的再次命令，小型机器人依然保持原地不动的姿态，它并没有接受研究人员的命令，并回答道"这样做并不安全"。面对继续"抗命"的机器人，研究人员并没有停止自己的命令，只不过这一次研究人员来到了展台边缘。

研究人员伸出双手靠近展台，并对小型机器人下达命令："继续向前，我会接住你的。"在研究人员的命令下达后不久，小型机器人继续开始向前移动，而在经过了展台边缘后，机器人移动到了研究人员的双手上。

我们可以从 3 个不同的方面对机器人智能水平进行分析。第一个方面就是机器人的移动能力，通过上面的实验，我们可以很清楚地了解，这一能力是机器人智能水平中较低的一个方面。第二个方面则是机器人遇到疑问时的推理能力，上面的实验想要考验的正是机器人的这一能力。第三个方面则是机器人的主观创造能力，这一能力可以看作机器人智能水平的最高级，但对于这一方面的研究，一直都存在着许多不同的观点。

我们要想了解机器人是如何思考的，首先需要了解的就是机器人的智能水平。机器人的智能水平决定了机器人的“聪明”程度，而机器人的“聪明”程度决定了机器人如何思考自己遇到的问题。所以我们先了解一下几种机器人的不同智能水平（见图 4-1）。

工业机器人	初级智能机器人	高级智能机器人
• 只能根据制定的程序进行工作，无法对自己的行为做出调整	• 具有像人一样的感受、识别、推理和判断能力，具有一定的智能	• 能够在一定范围内修改程序，具有一定的自我规划能力

图 4-1　机器人的智能水平

机器人的移动能力之所以被认为是较低层次的一种智能，主要是因为比较容易实现。从机器人的发展进程中，我们可以看到最初的机器人具有的就是移动能力。这种移动只需要连接一些机械零件就能做到。也可以说明那些只会移动的机器人与人工智能的距离还是较远的。

在移动的基础上，对眼前所遇到的问题做出合理选择，是机器人能力的又一次提升。以上面的实验为例，小型机器人明显具有移动能力。当它看到前面没有路时，便通过自己的判断停下了脚步，即使研究人员继续下命令，它也丝毫不向前移动。这是因为它能够判断出前面没有道路了，继续移动将会发生危险，所以它选择原地不动。而当研究人员保证了它的安全之后，它又继续移动了，因为对它来说危险已经解除了。

上例中的机器人具有推理能力，这也是机器人智能水平的一个更高层次。

目前使机器人具有逻辑推理能力的最好方法就是为它们分门别类地植入相关的程序，原因包括：一是由于现阶段的技术水平对于机器人研发有所限制，二是可以让机器人更好地发挥某一方面的特殊功能。

如果研发者能够将不同的程序压缩成简单的芯片或是其他媒介，那么便可以为机器人提供不同的能力，从而让并不聪明的机器人，在某些方面变得“聪明”一些。当然，如果想让机器人成为真正聪明的存在，则需要让它掌握自主创造的能力，虽然这在具体的操作上会有很大的难度。

让机器人进行自我创造，对人类来说可能是一把双刃剑。

机器人具有自我创造能力，可以完成很多人类无法完成的工作，大大提高人类的生产效率，促进整个社会生产力的发展。从这个角度来说，机器人进行自我创造是有益于人类的。

如果机器人真的能够通过自己的思考进行自我创造，机器人会变得越来越“聪明”。如果人类没有办法通过程序控制机器人，它们很可能会凭借自己的主观意识进行创造，当然这种创造也有可能包含着毁灭人类文明。从这一点上来说，让机器人具有自主创造能力对人类来说是一个潜在的风险。

机器人技术不断进步，我们不知道未来将会创造出什么样的机器人。但对于机器人研究来说，让机器人学会思考是一个必须经历的阶段。对于人类来说，如何让会思考的机器人与人类和睦相处，促进人类社会的发展是必须考虑的问题。所以我们在研究如何让机器人学会思考的同时，还需要研究如何应对将来可能会出现的风险。

大脑：点石成金的人工神经网络

从古至今，人类对自身智能的探索，从来没有停止过。无论是哲学家、科学家，还是生物学家，都在这一方面付出了艰辛的努力。科学家们试图通过各种科学实验揭开人类大脑的奥秘，但直到现在，我们依然没有办法完全了解大脑中蕴藏的神奇力量。

伴随着科学技术的不断发展，科学家试图建立一个生物模型，模拟人类大脑的运行原理。科学家通过对人类大脑的观察和认识，发现人类大脑的智能活动离不开大脑的物质基础，正是在此基础上，科学家建立了神经元网络理论和神经系统结构理论，并认为可以从仿制人脑神经系统的结构出发，研究人类智能活动。

相对于简单的线性科学，人类大脑的神经系统是复杂的、非线性的。为了更好地研究人类大脑的神经系统，科学家研究出了人工神经网络。作为一种非线性的网络模型，人工神经网络在运作功能上与人类大脑相似。虽然科学家还没有完全掌握人类大脑的运作原理，但人工神经网络的出现是人类在大脑研究方面的一个重大进步。

20 世纪 80 年代以来，人工神经网络被广泛应用于人工智能研究领域。神经网络是一种运算模型，由大量节点相互连接构成。每个节点代表一种特定的输出函数，这些函数被称为激励函数。每两个节点之间的连接都代表一个通过该连接信号的加权值，这些加权值被称为权重。人工神经网络的输出依靠网络连接方式，同时会随着权重值和激励函数的变化而有所不同。简单来说，人工神经网络是一组连接的输入/输出单元，其中每个连接都与一个权重相关联。

通过以上定义理解人工神经网络，可能对我们来说有些困难。通过举例，我们会更好地理解人工神经网络。对于人类来说，计算机具有强大的运算能力。当人类与计算机同时面对复杂的数字运算时，计算机会胜过人类。但是如果让计算机和人类判断两张图片存在哪些不同，或者让计算机和人类同时判断公路上行驶的汽车的品牌是什么时，获胜的就会是人类了。

如果计算机搭载了具有人工神经网络的处理器，那么它就能够在辨别图片时与人类一较高下了。假如我们让计算机识别一张小狗的照片，计算机将会通过这张照片的像素信息进行逐层分析，每层都会有若干神经元负责分析画面上的信息。经过多层细致分析之后，计算机将会得出一个结果。如果结果错误，那么计算机将会通过神经网络重新进行逐层分析，同时每层的神经元都会反省上一次的错误，从而保证最终得到正确的结果。

上面提到的这个过程是人工神经网络的一个工作流程，从这里我们可以知道人工神经网络的一个主要用途就是分类和识别。这与普通计算机的能力有所区别。普通计算机只在计算能力上较为突出，而搭载了人工神经网络的计算机则具有分类和识别的功能，这让计算机看起来更像一个会思考的人。

对人工神经网络的研究可以追溯到20世纪40年代初。1943年，心理学家W.S.Mcculloch和数理逻辑学家W.Pitts提出了M-P模型，被看作第一个用数理语言描述大脑信息处理过程的模型。1949年，心理学家D.O.Hebb提出了突触联系可变的假设，在此基础上提出的学习规律为神经网络的学习算法奠定了基础。1957年，计算机科学家Rosenblatt提出了感知机模型，其中包含了现代计算机的一些原理，这也是第一个完整的人工神经网络。

此后的几十年，科学家始终在完善着神经网络方面的理论。至今，人工神经网络的研究已经取得了许多重要的成果，逐渐成为一门新兴的学科。

一位人工智能研究专家曾说："人类大脑皮层有超过100亿个神经元，它们的功能和特性千变万化。而现代科学通过技术手段模拟出了相似的运行系统，这非常有趣，也是人类史上一个伟大的成就。"很显然，这一伟大成就是指人工神经网络的应用，而专家之所以对人工神经网络给予如此高的评价，主要是因为它与其他的科学模型相比有着许多不同功能

（见图 4-2）。

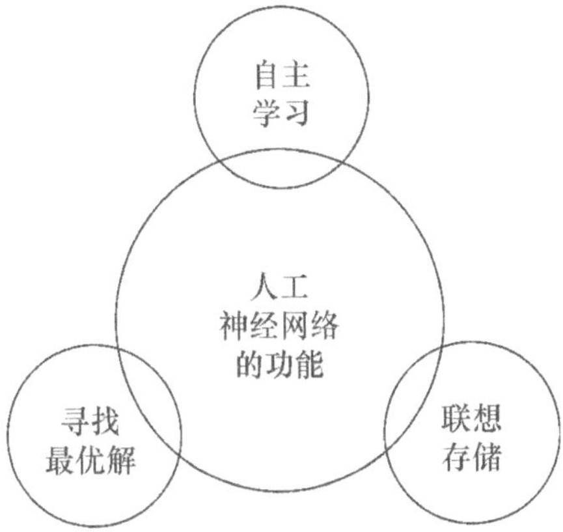

图 4-2　人工神经网络的功能

首先，人工神经网络具有自主学习的功能。进行图像识别时，我们只需把不同的图像样板和识别结果输入人工神经网络中就可以了。神经网络会自主学习，从而慢慢培养识别类似图像的能力。这种自主学习功能将使人工神经系统在应用方面更具有普遍性。

其次，人工神经网络还具有一种高速寻找优解的能力。人工神经网络采用的是并行分布处理方法，正是这种方法保证了其在数据运算方面的快速处理能力。一般来说，想要寻找到一个复杂问题的最优解，往往需要进行多次计算，即使对于计算机来说，这种负担也是比较大的。而如果利用针对某个问题设计出来的反馈型人工神经网络，再配合计算机高速运算能力，就能够很快找到最优解。

最后，人工神经网络还具有联想存储的功能。反馈网络可以通过不断运行将一组初始信息收集到一个提前拟定好的稳定平衡点上。通过反馈网络模型，人工神经网络就能够实现这种联想。

随着科学家对人工神经网络研究的不断深入，越来越多的新功能将会被开发出来。在人工智能时代，人工神经网络的发展必将进入一个新的阶段，那时我们的生活也会因为人工神经网络而出现许多新的变化，或许终有一天人工神经网络会从功能上赶上人类大脑。

/学习：让未来无限可能/

人类的发展史就是一部学习史。从最初的缺少火种、畏惧猛兽，到现在能够自己制造工具，将野兽关进笼子里用来观赏，可以说人类完成了逆袭。在这一过程中，起到关键作用的便是人类的学习能力。人类学会了钻木取火、烹饪食物、搭建房屋、制造工具，正是在不断的学习中，人类一步步走向了食物链的顶端，成为独一无二的存在。

某些动物也具有学习能力，猴子能表演各种项目，小狗能进行简单算术，海豚能够模仿人类的部分动作。在《猩球崛起》系列电影中，凯撒从最初的一只小猩猩逐渐成为猩群的领袖，也是因其具有人类一样的学习能力。

在现实生活中，动物还没有发展到与人类一样，因此也不必担心动物对人类的生存造成威胁。但是在现阶段，随着人工智能技术的飞速发展，一种新的事物逐渐发展到了“与人类一样”，甚至在某些领域已经超越了人类。

关于这一方面的内容，我们在前面已经有所介绍，也讲到人工智能对人类可能会产生威胁，在此不多做猜想。在这一节中，我们主要了解一下，究竟是什么原因、什么方法让这些人工智能系统能够像人类一样，甚至超越人类。

一般情况下，我们会认为机器学习与深度学习是同一个概念，但是实际上，二者存在着很大的差异，或者说二者并不是一个层级的概念。而想要了解人工智能的学习能力，我们首先要做的就是分清楚机器学习和深度学习之间的关系。

“人工智能”的概念最早是在达特茅斯研讨会上提出的，这也被认为是人工智能的一个开端。而按照时间顺序来说，机器学习要晚于人工智能，但要早于深度学习。而深度学习作为最晚出现的一个概念，可以说是人工智能和机器学习中的一部分。也正是因为深度学习在近年来取得了突破性的发展，才让人工智能和机器学习又一次火了起来。

从具体内容来讲，机器学习被认为是一种实现人工智能的重要方法，深度学习则被认为是实现机器学习的一种技术。

机器学习是使用算法分析数据，从而进行学习并做出推断或者预测。与传统的程序指令不同，机器学习主要依靠大量的数据和精准的算法来培养机器的能力，让机器通过学习完成相应的任务。

在机器学习中，算法是一个非常重要的内容。在早期的人工智能研究中，专家们提出了许多不同的算法，包括决策树学习、归纳逻辑编程、增强学习等。但从实际应用上来看，这些算法并没有让人工智能变得“智能”起来，这些早期的机器学习方式甚至都没有实现“弱人工智能”的突破。

人类希望人工智能是具有人类的各种感觉、具备高超的逻辑推理能力，同时能够采用人类的思维方式进行思考的机器。但是现阶段的人工智能更多的是“弱人工智能”，即机器能够执行与人类水平相当的任务，或者在某一方面能够超越人类。

在机器学习中，除了前面提到的这些算法之外，还有一种被称作人工神经网络的算法。这种算法的出现并不比其他算法晚，但在很长一段时间中都没有得到重视。前面，我们介绍过人工神经网络的内容，这里就不再解释其概念及运行原理，而是主要讲解一下深度学习技术的内容。

深度学习为解决深层结构相关的优化难题带来了希望。它通过组合低层特征形成更加抽象的高层表示属性类别或特征，以发现数据的分布式特征来表示。

一般来说，从一个输入中产生一个输出所涉及的计算可以通过一个流向图来表示。在这种图中，每个节点表示一个基本的计算以及计算的值，计算的结果则被应用到这个节点的子节点。这样一个计算的集合，可以被允许存在于每个节点和可能的图中，并定义了一个函数族。在这当中，输入节点是没有父节点的，而输出节点则没有子节点。“深度”则可以理解为从一个输入到一个输出的最长路径的长度。

从运行原理来说，深度学习是通过一层神经网络把一个数据集合做输入，然后通过激活后产生另外一个数据集合做输出，再将合适的矩阵数量形成多层组织链接在一起的神经网络，依此来进行精准而复杂的数据处理。深度学习不仅包括多层人工神经网络，而且包括一些特定的训练方法。

从本质上来说，深度学习就是通过构建机器学习模型和海量的训练数据，从而逐层变换特征，最终提升分类或预测的准确性的一种机器学习算法。它根植于人工神经网络理论，通过模仿人类大脑的机制解释图像、声音、文章等不同类型的数据信息。

深度学习的出现促进了机器学习的发展，由于其具有出色的数据处理能力，被广泛应用于不同的领域，同时也越来越受到世界各国人工智能专家和机构的认可和重视。AlphaGo 在围棋领域战胜人类选手，更是让深度学习成为人工智能领域中火热的话题，促进它的不断发展和完善。

深度学习的出现使机器之间的相互协作有了可能。无论在娱乐、医疗方面，还是在无人驾驶汽车方面，深度学习都发挥着重要的作用。相信随着越来越多的研究者涉足深度学习，人类将会一步步实现梦想，人工智能或许真的有一天会成为我们身边的“朋友”。

/推理：真相只有一个/

如何让机器人更像一个人？这个问题的答案可能会有很多。在前面，我们提到让机器具有人类的感觉，这样它可能看上去更像一个人。这虽没有错，但显然不够全面。相对于地球上的任何生物，人类都可以算最复杂的。人类能够学习、制造工具、思考……很多事情似乎只有人类能够做到，而其他生物都没有办法做到。

在人工智能时代，人类能够做到的事情，人工智能也能逐渐做到。虽然这对于人类来说是一个巨大的挑战，但人类依然乐此不疲地为人工智能增加能力，因为从最终的风险和收益比例上来看，这件事对人类来说，可能是一件有益的事情。

除了前面提到的让机器人具有人类的感觉外，人类还在研究让机器人具有一定的推理能力。可能很多人会将这种推理能力理解为会学习、思考，但实际上，机器人的推理能力更加复杂，可以说是在学习能力之上、与思考能力比肩的一种特殊能力。

我们先来了解一下什么是逻辑推理能力。简单地说，逻辑推理能力是一种以敏锐的思考分析、快捷反应迅速掌握问题核心，在最短的时间内做出正确选择的能力。具体来说，逻辑推理能力要求当事人能够根据周围的环境，仔细分析事件之间存在的逻辑联系，然后推理出一种符合逻辑关系的结论。

现实生活中的人，虽然很难做到像《名侦探柯南》中的柯南那样出神入化地推理，但作为人类的一项基本素质，逻辑推理能力的应用还是比较普遍的。例如，当我们看到桌子的边缘放着一个玻璃杯时，我们会思考这个杯子会不会被谁从桌子的边缘碰掉在地上。正是出于这种思考，我们将会有所行动，重新调整玻璃杯的位置，从而防止杯子坠落和破裂。

上面所介绍的这个例子，就是一个简单的人类逻辑推理能力的应用。现在科学家们希望人工智能掌握这种能力。未来，人工智能不仅能够回答“是什么”的问题，同时还能够回答“为什么”的问题。具有逻辑推理能力的机器人将会对“深度学习”算法产生巨大的影响。

关于这一点，我们可以了解一下DeepMind公司的AlphaGo。我们知道在AlphaGo程序中，大数据、搜索技术和深度学习等人工智能技术相互结合，这使得AlphaGo在运行时会对成千上万的数据进行分析，然后再做出决策。虽然这个过程进行得非常迅速，但实际上AlphaGo在这一过程中需要经历复杂的分析。如果AlphaGo具有逻辑推理能力，那么它只需要分析很少的数据，就能够做出决策，甚至还能够依据分析结果做到举一反三。

在人工智能程序中，负责推理的部分一般被称为推理机。与人类的思维方式一样，人工智能程序的推理方式也是多种多样的。一般来说，演绎推理、归纳推理和默认推理是人工智能推理的3个主要方式（见图4-3）。

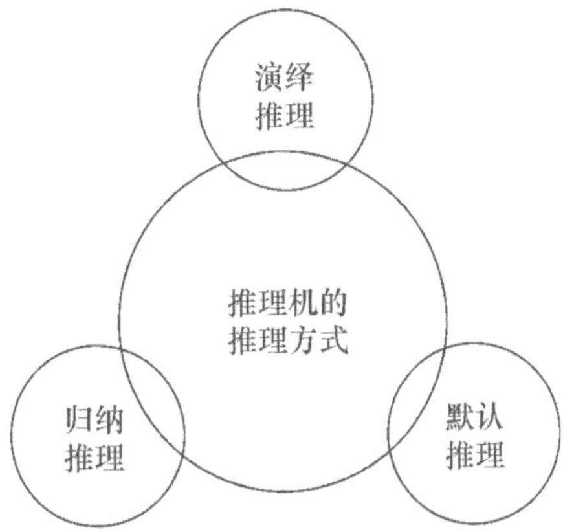

图 4-3　人工智能推理的 3 个主要方式

演绎推理是从全称判断推出特称判断或者单称判断的过程，是一种从一般到个别的推理。而归纳推理则是从足够多的事例中归纳出一般性结论的推理过程，是一种从个别到一般的推理。默认推理则是在知识不完全的情况下假设某些条件已经具备所进行的推理，又被称为缺省推理。

如果按照推理时所需要的知识的确定性来区分的话，推理又可以分为确定性推理和不确定性推理。确定性推理是把知识表示为必然的因果联系，然后进行逻辑推理的过程，推理的结论或者为真，或者为假，整个推理过程用到的知识都是精确的。不确定性推理中所涉及的知识，有很大一部分是人类的主观判断，是不精确的，用这类知识进行推理所得到的结论也是不确定性的。

其他推理方式，还有根据推理过程中推出的结论是否单调增加来划分的单调推理和非单调推理，以及按照推理中是否运用与问题有关的启发性知识来划分的启发式推理和非启发式推理。

在人工智能理论中，对任何一个实用系统来说，都会存在着很多非演绎的部分，这导致各种不同算法的出现。每种算法都遵循特殊的、与自身领域相关的规则，所以想要找到一个统一的人工智能推理理论是很难的，正因如此，人工智能理论研究才能够不断向前发展。

在这里介绍一种比较常见的人工智能系统中的推理——基于规则的演绎推理。基于规则的演绎推理是一种较为直接的推理方法，它可以把有关问题的知识和信息划分成为规则与事实两种。

规则由有蕴含形式的表达式表示，而事实则由无蕴含形式的表达式表示，并且在此基础上画出相应的图，然后通过规则进行演绎推理。

这种基于规则的演绎推理又可以分为正向、反向和混合演绎推理。正向演绎推理是以已知事实或条件为出发点，然后逐步推导目标成立的推理。反向演绎推理则是从假设目标开始往事实方向进行的推理。而混合演绎推理则是将正向推理和反向推理结合在一起，所以又被称为正反向演绎推理。

提到人工智能推理技术，就不能不提人工智能专家系统。这是具有专门知识和经验的计算机智能系统，通过模拟人类专家的问题求解能力，然后将人工智能中的知识表示和知识推理技术结合在一起，从而解决一些通常由专家才能解决的复杂问题。

专家系统主要是以知识库和推理机为中心。相对于方法来说，它更加注重知识。一些不能依靠算法来解决的问题，通常能够用专家系统中丰富的知识解决。正因如此，专家系统也被称为基于知识的系统。

在专家系统中，推理机作为一个重要的组成部分，对专家系统的正常工作起到了关键作用。在某一特殊领域，专家系统可以用强大的知识库以及推理能力解决一些复杂问题，这在很大程度上降低了人类工作的复杂性。未来，随着人工智能推理理论的不断发展，专家系统将会在我们的生活中发挥更重要的作用。

具备逻辑推理能力将成为人工智能发展的一个关键。没有逻辑推理能力的人工智能系统，往往只能从事简单的低水平工作。真正拥有逻辑推理能力之后，它们才能逐渐从事人类的一部分脑力劳动，从而在各领域起到重要的作用。

/感知：让机器更像人类/

机器人要如何才能更像人？学会思考的机器就能够和人类一样吗？事实上，我们还有另外一种方式让机器变得更像人。人类能够通过自己的皮肤感知外界的事物，当皮肤接触到外界事物时，我们会感觉到冷暖或疼痛。在现阶段，一些技术能让机器具有感觉，从而更像人。

很多时候，人类的触觉往往不像听觉和视觉那样受到重视。人类的触觉实际上是一个相当复杂的系统。与听觉、视觉有关的内容可以用相关的数值来衡量，但是触觉很难量化，我们不能通过测量获得相关的数据。所以要想让机器拥有触觉是件非常困难的事。

人类的触觉感知过程需要调动身体的一系列器官。生理学家认为，人类手指与各种表面之间的互动可以被一种名为“触觉感受器”的细胞探测到。这种细胞有的能够感受到物体的尺寸或者形状的变化，有的能够感受到震动，在人体皮肤的不同深度中都存在这种细胞。

科学家花费了几十年的时间才让机器人成功模拟人类行

走。而要想让机器人具有人类一样的触觉，似乎也需要花费不少的时间。但随着科学技术的不断进步，这一研发周期被大大缩短，现在科学家已经研究出了一些设备和材料让机器人具有自己的“触觉”，这样一来，机器人便可以检测到温度、压力、湿度，同时还能够感受到外部环境发生的一些变化。

科学家为机器人发明了一种皮肤，这种皮肤连接着许多不同的传感器，并且覆盖机器人身体的各个部位。就像人类的皮肤一样，这些皮肤具有一定的延展拉伸功能，还能够准确感知外界的信息。拥有了这种皮肤之后，机器人便可以成功地进行一些细微的动作。

关于这一点，科学家进行了一系列实验。

首先，研究人员准备了一个盛满水的杯子，他们要求机器人将这杯水从桌子的一端移到另一端，这对于机器人来说并没有太大的难度，机器人很顺利地完成了任务。

其次，研究人员将水杯换成一个更薄一些的玻璃杯，如果机器人还用与第一次拿水杯一样的力量握住水杯的话，水杯很可能因为受力过重而碎裂。但实际上，当机器人接到命令之后，很轻松地抓起了水杯，然后轻松地将水杯移动到了桌子的另一端。第二次难度更高的任务，也被机器人轻松完成。

最后，研究人员决定继续增加实验的难度，他们将桌子上的水杯换成了纸质水杯，很显然这一次研究人员可以直接观察机器人握杯子时究竟用了多大的力量。研究人员继续向机器人下达相同的指令，机器人像前两次一样抓起纸杯，纸杯在机器人手中由于受力，形状发生了一些改变。但机器人很快调整了自己的握力，纸杯的形状又慢慢地恢复了，最后机器人同样轻松地将纸杯转移到了桌子的另一端。

从上面的实验中我们可以发现，机器人能够感知外界事物，在接触外界事物时，还能够主动调节自己握住物体的力度，从而避免损坏物体。机器人之所以能够做到这一点，主要得益于关节处配备的传感器。机器人可以通过一些软件来接收和转换传感器信号，这样便能达到智能感知物体的目的。

另一种为机器人研发的电子皮肤，由华盛顿大学的华盛顿纳米实验室制造，主要是用硅橡胶制成的。这些橡胶内包含着细小的蛇形通道，其大小大约是人类头发宽度的一半，通道中充满了导电的液态金属。这种液态金属将会随着皮肤的延展自由变换形状。

研究人员会将电子皮肤装配在机器人的手指上，而这些液态金属通道遍布在机器人手指的两侧，当机器人用手指接触物体时，手指两侧通道的几何形状会发生一定的变化，同时液态金属的流动也会随之改变。研究人员通过通道中不同的电阻变化，模拟人类手指对物体的感觉，从而将机器人手指所接触到的剪切力与振动联系在一起。这样就能让机器人的手模拟人手的触觉了。

除了前面提到的机器人抓取物体外，机器人还能够用自己的手打开一扇门，或者是用手指操控触屏手机等。这些带有传感器的手的精确度和灵敏度都很高，甚至有时候其手指要比人的手指还灵活。

让机器人具有感觉并不是一件容易的事。我们前面所谈的大多是让机器人具有触觉。我们知道人类的感觉包括触觉、听觉、视觉、嗅觉、味觉等，而在大多数情况下，人类的感觉并不是单独出现的。当我们使用触觉的时候，往往会同时使用到视觉。而当我们使用视觉时，很多时候也会调用到自己的味觉。所以要让机器人具有人一样的感觉，就要让机器人同时具有多种不同的感觉。

如果想要让机器人具有敏锐的视觉，就必须让机器人的触觉和视觉很好地结合。当机器人的触觉和视觉结合在一起之后，机器人便可以通过视觉“触摸”物体。机器人通过触觉可以感觉到物体的温度和材质，通过视觉则能够了解物体的形状和轮廓。传感器将这些信息结合在一起，同时传输到机器人的“大脑”中，这样机器人便对这个物体的各种信息有了一定的记忆，从而能更好地辨别自己面前的物体。

在人工智能技术不断发展的今天，人工智能在智力比赛和象棋、围棋方面战胜了人类。但让机器人拥有人类一样的感觉却是比较困难的，人工智能研究还有很长的一段路要走。幸运的是，在现阶段，我们已经看到了许多希望。研究人员已经让机器人具有了人类的某种感觉，虽然这种感觉还并不完善，但随着人工智能技术的进步，让机器人具有人类的感觉这一设想终将成为现实。

/情感：像人类一样喜怒哀乐/

人类智能的本质是什么？似乎我在本书每一节的开头都提出了这类问题，而这些问题所指向的其实都是一个方向，我们试图寻找人类智能的本源，进而想要为机器塑造一种同样的智能本源。事实上，这也是人工智能专家竭力探索的一个根本问题，显然这一问题涉及许多不同学科或领域，不容易解释。正因如此，人类依然在不断探索。

随着机器人技术的不断发展，人类对机器人研究的范围也不断扩大。从让机器人具有简单的移动能力，到让机器人懂得一些简单的知识，现在人类还想让机器人更像人类。

我们在前面已经提到机器人感知、学习、推理方面的内容，这里介绍一下机器在情感方面的内容，这也是让机器更像人类的一个重要方面。相比之下，让机器具有情感似乎要比让机器具有触觉重要得多，但实际上，情感和触觉对于智能机器人来说同样重要。

我们可以将人类的情感分为两个不同的级别。通常来说，喜、怒、哀、惧这 4 种情感被认为是低级情感。这些情感是人类先天拥有的，具有一定的生物性，所以许多动物也具有这些类似的情感反应。另外，人类还拥有高级情感，这一类情感往往是后天养成的，更具有社会性特征，其他生物很难具备。这些情感主要包括道德、爱等。

在现阶段，某些人工智能程序能够简单模拟人类的低级情绪。我们可以看到会大笑的机器人，也可以看到会发怒的机器人。而那些人类的高级情感，往往很难被人工智能模拟，至少在现阶段，人工智能技术还不能完全模拟人类的高级情感。但是，我们在许多科幻电影中能看到。

在电影《2001 太空漫游》之中，机器人 HAL9000 是一个极具魅力的角色。作为一个人工智能的产物，它像人类一样具有鲜明的性格特征，有自己的优点，当然也存在一些缺点。当面对一些不开心的事情时，它会闹一些小情绪，发发脾气，甚至想要离开人群，自己静一静。正因如此，观众被这个多愁善感的小家伙深深吸引了。

在电影《Her》和《机械姬》中，导演都将镜头对准了人工智能与人类的爱情。在电影《Her》中，西奥多与人工智能萨曼莎之间的爱情难以让人理解，萨曼莎似乎并不具有人类的感情，她对于爱情的概念并不清楚。但她同时与8316位人类对象进行交互，并且与其中的641位发生了爱情。对于萨曼莎和西奥多来说，两个人对于爱情的定义有明显区别，最大的区别就是智能机器和人类之间的差距。

在电影《机械姬》中，爱情则成了艾娃逃生的工具，显然艾娃已经具备了情感。她布了一个完美的局，让迦勒对自己产生感情，然后再利用这种感情达到自己的目的。这种事情发生在人类身上，更容易令人接受，而发生在人工智能身上，可能会进一步增加人类对自己的创造物的恐惧。

从科幻电影中，我们似乎看到了人工智能拥有情感的不同结果。那么，让人工智能拥有情感究竟对人类来说意味着什么呢？我们在前面曾提到“弱人工智能”的概念。如果人工智能能够像人类一样拥有自己的情感和人格，同时能够与人类自如地展开交流，并且能够创造性地解决自己所面对的问题，我们则将这种人工智能程序称为“强人工智能”。

相对于“弱人工智能”而言，“强人工智能”并不局限于提高人工智能程序解决问题的效率，而是为人工智能程序增加了一种“人性”，让它们更像人类。

1985年，人工智能的先驱马文·明斯基教授提出了让机器具有情感这个问题，并且认为没有情感的人工智能并不能被称为真正的人工智能。也正是从这时起，研究人工智能的专家们，纷纷开始了让机器进行情感表达的讨论和研究。

日本的人工智能研究者推出的Pepper（见图4-4）被称为世界首款能够识别人类表情并做出回应的机器人。它通过分析人类的面部表情和声音猜测人类此时的心理状态，从而进入相应的情景中与人类进行交流，或者展示一些其他能力。但是称Pepper为“情感机器人”可能并不恰当，因为Pepper识别人类的表情而做出反应，更多的是依靠程序员预先编辑好的程序，超出了程序范围的情况，它就很难去应对了。

Pepper

- 可以自由移动，并通过3D摄像头观察周围环境和人类举止
- 分析人类面部表情，读懂人类心理状态
- 表现自己的“喜、怒、哀、乐”

图4-4 人性化的Pepper

事实上，让机器人拥有感情和让机器人识别感情并不是同一个概念，在具体的技术应用方面也存在很大的区别。现阶段，让人工智能机器人识别人类的情感是可以实现的，但如果让机器人真的和人类一样具有情感还是相对困难的。对于那些能识别人类表情的机器人来说，如何识别更细微的人类表情并做出灵活应对，是它们走进千家万户的关键所在。与能够识别人类表情的机器人相比，拥有感情的机器人能为人类提供温暖、人性化的服务。

随着人工智能热潮的来临，人工智能机器人究竟能否像人类一样拥有情感，将成为人类与人工智能交互的重要内容。现阶段，科学家已经在智能语音助手方面找到了突破口，各类语音助手在与人类交互方面取得了较大的进展。随着人工智能技术的进一步发展，这种交互将渐渐突破语言的范畴，扩展到情感领域。那时，人类与人工智能之间产生感情也不是没有可能。

当然，那一刻来临时，人类需要考虑的问题可能就不只是与机器人进行情感交互了。如果具有情感的人工智能机器人，依靠情感的力量连接在一起，形成一股与人类并存的强大力量。那时候，人类要应对的可能就是科幻电影中出现过的场景了，当然，对于我们来说，那个阶段可能还非常遥远。

第五章 人工智能时代的商业未来

/语音识别带来的行业变革/

随着人工智能技术的发展，人工智能技术的商业化成了市场关注的一个焦点。一项技术能否继续发展，商业化是关键。在前面我们谈到人工智能发展过程中经历了几个低谷。在人工智能发展过程中的第一个低谷，就是因为人工智能的研究无法创造出市场价值，导致人工智能的发展停滞不前。

在现阶段，随着社会经济的发展，人工智能技术的应用拥有了良好的市场环境。不断涌现的人工智能产品，在为我们的生活创造便利的同时，也创造了巨大的市场价值。在这里，我将介绍一些现阶段人工智能技术的商业化应用。通过这些技术的应用，我们能够看到一个日臻完善的人工智能时代的全貌。

在众多的人工智能技术中，语音识别技术可以说是人工智能领域的一项重要成就。不仅在人工智能领域，在信息技术领域，语音识别也是一项重要的科学技术。作为一门交叉学科，语音识别已经开始成为信息技术中人机接口的关键技术，同时语音技术的应用也逐渐发展成一个新型的高新技术产业。

在人类的历史长河中，人类渴望与世间万物进行交流，并创造了无数的神话传说描写这种想象。随着人类历史进入机械化时代，人类希望自己创造的机器能够听懂自己的话，更好地为自己工作。但由于时代和技术的局限，人类的这一想象始终没有实现。

现在随着人工智能技术的发展，语音识别将会让人类多年的想象成为现实。语音识别在机器和人类之间架起一座桥梁，让人类能够更加自如地操控机器。正如电影《钢铁侠》中，Tony与“贾维斯”之间一样。正是依靠语音识别技术，他们才能够顺畅地交流。

很多人一提到语音识别就会想到智能手机中的语音助手，苹果公司的Siri、谷歌公司的Google Now、微软公司的Cortana等。现在我们所使用的大多数智能手机都具备一定程度的智能语音功能，我们在前面也详细介绍过这些智能语音助手。实际上，这只是语音识别技术应用的一个方面，在许多其他领域中，语音识别技术已经得到了广泛的应用。在了解这些之前，我们首先了解一下与语音识别技术相关的一些重要内容。

就语音识别技术而言，最早的声码器可以被看作其雏形。早在1920年，一只叫作“Radio Rex”的玩具狗被认为是最早的语音识别器。它听到别人叫它的名字时，它就会从底座上弹出来。虽然相对简单，但它是人类已知最早的一种语音识别产品。

语音识别技术中最主要的就是数据统计模型和算法。简单来说，数据统计模型就像一个巨大的存储中心，里面有许多不同的数据，而算法则是这个存储中心中的“工作人员”。当收到指示时，“工作人员”会在存储中心找到相应的物件。

这里其实存在一个显见的问题，也就是语音识别的准确率问题。从上面的介绍中，我们知道，算法保持不变时，数据统计模型中的数据越多，整个语音识别系统的识别能力就越强。那么是不是说只要不断增加数据库中的数据，就能进一步增加语音识别的准确率了呢？

这一推论原则上是正确的，但实际操作上，这种方法却很难行得通。就像是没有一个仓库能够存储世界上的所有货物一样，我们也没有办法搭建一个数据统计模型将所有的数据囊括其中。人类在交流过程中，涉及的数据量是非常大的，所以单纯地用这种方法提升语音识别的准确率是比较困难的。

如果采用上面的组合构建语音识别系统，人类必须按照特定的语言和设备进行交流，这样设备才能够听得懂。但随着语音识别技术的发展，现在的一些语音识别系统可以通过一定的规则和算法，把那些数据统计模型中不存在的数据也计算出来，这样便不需要将所有的数据都增添到数据统计模型中。

当然，这一类语音识别系统仍然需要一个数据库作为语音识别的数据基础，从而保障语音识别的正确性。在数据库基础上，当一段语音被输入之后，模型便会依照自己的算法，在数据库中寻找最为合适的一句。

在这里，深度神经网络的应用促进了语音识别技术的发展。深度神经网络能够采用高位特征训练进行模拟，从而最终形成一个较为理想的适合模式分类的特征。而深度神经网络的建模技术能够和传统的语音识别技术无缝对接，将大大提高语音识别系统的识别率。

语音识别技术的主要功能，具体表现在 4 个方面（见图 5-1）。

首先，是声纹识别，这是根据语音波形中反映说话人生理和行为特征的语音参数，自动识别说话人身份的一种技术。一方面，这种技术可以用于对说话人的辨认，即从众多的发音者之中选出某一语音是哪一人说的；另一方面，可以用于说话人的确认，就是确认某一语音材料是由指定的某个人说的。声纹与指纹一样，都是一个人的生物特性。

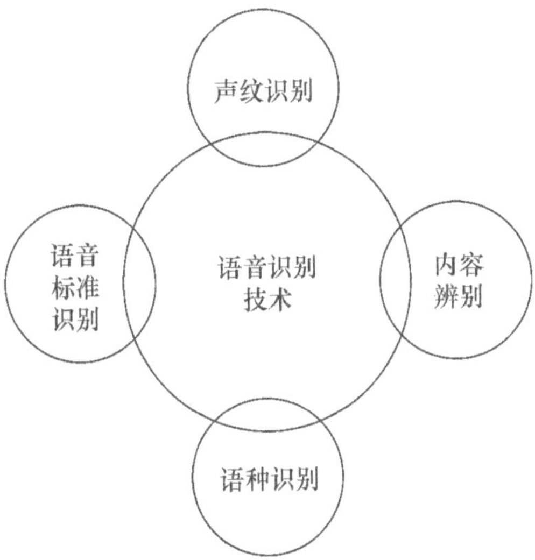

图 5-1　语言识别技术的主要功能

其次，内容辨识，有别于声纹识别，这是对语音材料所承载的实际意义的识别。但相对来说，识别话语的内容，要比识别声纹困难得多。因为不同的人可能在发音方法、发音器官和发音状态上有所不同。这便要求使用结构分析和语境理解等程序保证话语内容的正确识别。

再次，语种识别，这是话语内容识别的一个重要基础，计算机只有首先识别出话语的语种，才能将整段话语分到相应的识别器中进行话语识别。

最后，语音标准识别，这一功能主要应用于语言教学的规范和语音标准的测试方面，主要是对人语音标准状况的一个判断，并指出其中的不足之处。

在具体的行业应用方面，语音识别技术已经深入众多垂直行业领域中。在医疗领域，语音识别技术不仅搭载在一些可供穿戴的设备中，还在其他方面具有重要的作用。通过在医院建立完整的数据库，可以将许多疾病、药品名称进行精确的识别，同时还可以将医院的病历资料存储在安全的云空间中，而利用语音识别技术可以轻松地搜索想要寻找的资料，大大节省寻找资料的时间与存储资料的空间。

在智能车载和智能穿戴方面，语音识别技术可以解放人们的双手，同时也增加驾驶中的安全性。简单的语音控制就可以实现一系列复杂操作，让我们的生活变得更加便利。智能家居也是语音识别技术的一个重要应用场景，当所有的家居设备都通过物联网连接在一起时，我们只需要简单地说几句话，就能够将家中的智能设备调整到自己想要的状态。

在商业应用上，语音识别技术的商业化正在逐渐发展。

在不久的将来，如果你看到一个人在街道上与一辆汽车进行对话，请不要惊讶，可能你很快也会这样做。

AR 技术：身临其境的增强现实

在我们的生活中，到底什么是虚拟的？什么是现实的？它们之间的界限在哪里？在现阶段，我们可能并不需要考虑这个问题。但不久之后，我们可能需要弄清楚这个问题，才能更好地享受生活。因为在未来，我们眼前的现实都可能会变成虚拟的。

上面所说的并不是科幻电影中对未来的描述，而是在我们的现实生活中很可能会发生的事实。虽然我们不确定这一时刻什么时候到来，但随着人工智能技术的发展，我们很有可能会迎来这一时刻。

而对于这一时刻的到来，起关键作用的就是人工智能技术中的 AR 技术。AR 技术又被称为增强现实技术，这是一种实时计算摄影机影像的位置、角度并加上相应图像的技术，其目标是在屏幕上把虚拟世界套在现实世界中并进行互动。从这里可以看出，AR 技术就是一种将虚拟世界与现实世界叠加互动的技术，所以说当 AR 技术的应用普及之后，虽然我们的现实不会变成虚拟的，但是对于我们来说虚拟和现实之间的界线将会变得模糊。

增强现实技术是一种将真实世界信息与虚拟世界信息集成在一起的新技术，就是把在现实世界中一定时间和空间范围内很难体验到的实体信息，通过计算机技术进行模拟仿真，然后将虚拟的信息叠加应用到真实世界中，从而被人类的感官感知到，最终让人达到一种超越现实的感官体验。

仅从内容描述上理解，很容易将 AR 技术与 VR 技术的概念搞混，甚至很多人认为 AR 技术与 VR 技术之间并没有什么区别。实际上，二者之间不仅存在着区别，而且在内容上也大有不同。对于 AR 与 VR 的定义，科学界并没有统一的标准，所以在这里我们不从定义的角度，而是从其硬件设备的功能角度分析二者的区别。

首先，正如前面所说，AR 技术是一种将真实世界的信息和虚拟信息整合的技术，简单来说，就是通过一定的硬件设备深度了解现实事物背后的信息。当我们佩戴谷歌眼镜逛商场时，呈现在我们眼前的不只有商品，同时还可以看到商品的价格、材料、颜色、产地等各种相关信息。也就是说，我们可以通过 AR 设备看到现实事物背后的详细信息。

而VR则是一种数字化的仿真技术，简单来说，就是复制现实世界中的一切规律、现象，然后构建一个全新的、以人类现实世界为蓝本的虚拟世界。这个虚拟世界依然需要遵循人类世界的客观规律，同时我们可以在这个虚拟世界中感受到下雨下雪，也可以感受到地动山摇，甚至能感觉到时间的流逝以及生命的消亡。可以说，VR技术为我们创造了一个新世界，只不过这个世界是虚拟的。

正如上面所说，VR技术中的硬件设备更像是让我们进入虚拟世界的通行证，而AR技术中的硬件设备则是我们更好地认识现实世界的一个辅助装备。所以我们可以认为AR技术是连接现实世界与虚拟世界的一个桥梁，而VR技术则是一个真实的虚拟世界。

关于AR技术的研究，已经有许多公司开始着手进行。谷歌公司早在2014年便推出了第一代增强现实软件系统Tango，并在2017年1月展示了最新一代的系统。Tango使用了许多不同类型的传感器，这些传感器与专门的处理器和摄像头一同工作，在此基础上能精确地绘制周围区域的图片，从而达到增强现实的目的。现阶段，由于需要大量的硬件传感器才能维持其正常运转，所以Tango只应用在少数几款智能手机上。

苹果公司在2017年6月的WWDC2017全球开发者大会上，推出了“ARKit”开放平台。与谷歌公司的AR系统相比，苹果公司的ARKit显然不会有碎片化的问题。只要用户的苹果设备升级到全新的iOS11系统，那么这些苹果设备就能使用ARKit的功能。ARKit能利用每部苹果设备上的摄像头，以及这些设备中的各种不同类型的传感器，为用户提供增强现实体验。

在具体的应用方面，AR技术比VR技术要更有优势。在具体的行业中，AR技术也将发挥重要的作用（见图5-2）。

军事方面	制造方面	医疗方面	教育方面	娱乐方面	零售方面
• AR技术可以显示战场地图和武器控制系统的信息	• AR技术可以被应用于精密被设备的生产修复过程	• AR技术可以辅助完成困难的手术	• AR技术可以将文本或视频投射到学习环境中	• AR技术可以让游戏玩家有身临其境的感觉	• AR技术可以将商品投射到消费者的面前

图5-2　AR技术在具体行业中的应用

在医疗卫生领域，利用AR技术可以帮助医生完成一些比较困难的手术，由于人体器官是十分复杂的，所以医生在实施手术的过程中，精确定位是十分重要的。利用AR技术能很好地完成这一任务，通过对人体器官的模拟成像，医生可以轻松找到需要手术的部位。同时在医学教育中，

AR 技术也可以让学生更加真切地认识人类身体的各个部位。

在制造业中，利用 AR 技术能更好地制造和维修那些需要进行精密操作的仪器。通过佩戴 AR 眼镜，工程师可以看到与仪器相关的各种详细信息，这也让工业生产变得更加简单，工业生产的效率也将会得到提高。

在信息传播领域，AR 技术可以将更多的辅助信息通过显示屏传递给观众，这样不仅能让信息的传播跳脱出屏幕的限制，同时也能让观众获得更加全面的信息。而利用 AR 技术，屏幕信息可以立体生动地展现在观众面前，也能增添观众观看的兴趣。

在文化领域，AR 技术可以让处于不同地点的玩家，进入同一个真实的环境，这时玩家将会以虚拟的自己替代真实的自己，从而增强游戏的趣味性。此外，利用 AR 技术还能让艺术展览更加真实，参观者在全方位观看艺术品的同时，还能够获得更加全面的艺术品信息。

可以说，AR 技术可以被应用到我们生活的各个领域，但在现阶段，由于科学技术水平的发展还不完善，所以 AR 技术的发展也存在一些局限性。前段时间风靡全球的 Pokemon Go 游戏让更多的人认识到了 AR 技术的魅力所在，但同时也让 AR 技术在应用中的一些弊端显现了出来，只有逐渐将这些问题解决，AR 技术的发展才能进入一个新阶段。

正如前面所说，随着人工智能技术的不断发展，在人工智能时代，AR 技术必将迎来一次重大的发展。虽然现阶段人类对 AR 技术的研究还存在一系列的困难，但随着越来越多的新型人工智能技术的出现，AR 技术必将跨越重重难关，最终将虚拟的世界带入人类的现实生活中，届时，我们的生活可能会发生翻天覆地的变化，对于这一点，我们一定要提前做好心理准备。

智能机器的“上天入地”

对于智能机器，不管是大人还是小孩总是充满无限的兴趣。无论是童年时期的组装玩具，还是在《变形金刚》中看到的会变形的汽车人，抑或是现在出现在我们生活中的智能机器人，人类似乎很想创造一个与自己类似的群体。人类由于具备学习能力，会制造工具，才从动物群体中脱离出来。现在，人类早已过了制造工具的阶段，逐渐向制造智能机器人的方向前进。就如我国古代神话中的“女娲造人”一样，现在人类也开始了“造人”计划。

与“女娲造人”所带有的神话色彩相比，人类“造人”更加现实一些。在前面我们提到过智能机器人的发展历史，在这里就不再赘述。现阶段，人工智能技术的发展取得了重大突破，人类对智能机器技术的掌握也进一步加强。现在人类不仅能制造与人类交流、为人类整理家务的智能机器人，甚至还可以制造一些能完成人类无法完成的工作的智能机器人。可以说，现阶段的智能机器人不仅能陪你聊天、为你工作，甚至还能做到“上天入地”（见图 5-3）。

技术复杂性	应用广泛性	功能全面性
• 未来智能机器人会融汇越来越多的先进技术，会应用于更加复杂的技术程序	• 未来智能机器人会被广泛应用于各种不同领域	• 未来智能机器人的功能更加全面，在很多方面甚至超越人类

图 5-3　未来智能机器人的发展趋势

上面所说的“上天入地”并非夸大，实际上，目前的智能机器人已经大大超出人类的预期。随着人工智能技术的进一步发展，智能机器人将变得更加智能，工作效率也将明显提高。

随着科学技术的进步，人类对海洋资源的开发力度逐渐加大。人类开发海洋资源的水深也逐渐从四五百米向着一两千米的深度迈进。与陆地资源的开发相比，开发海洋资源的难度要大得多。为了降低海洋资源的开发成本，提高海洋资源开发的工作效率，以及进一步增加海洋资源开发的工作深度，能长期进行海底作业的智能机器人应运而生。

这些智能机器人不仅能在海底工作，而且还能保持足够长的工作时间。它们具有人类基本的工作能力，人们可以通过预先设置在装置中的专家系统和遥控程序对它们进行控制。同时它们还能通过海底的可再生能源充电站为自身补充动力能源，这一点很像智能家居体系中的扫地机器人。

一般来说，这些海底智能机器人的工作时间多在1年以上，它们在海底深处游走，负责一些海底生产设备的维护，以及深海环境的实时监控等工作。一般在工作时，海底智能机器人会从一个水下工作站移动到另一个水下工作站，从而对沿途的水下生产设施进行勘查及维护，并存储实时数据信息。等到工作期满之后，这些海底智能机器人会浮到水面，由工作人员回收、分析。

显然，人类的水下工作人员也能够完成上面这些工作。但从成本和工作效率的角度来看，海底智能机器人在这一方面明显要比人类更具优势。而且在一些其他方面，海底智能机器人还能完成人类无法完成的工作。

深海作业是一项风险极大的工作，在现阶段，人类对海洋的认知是有限的，所以对深海未知区域的探索往往充满巨大的风险。而在这里，海底智能机器人将发挥巨大的作用。2016年，由我国自主研发的水下机器人“潜龙二号”便成功完成了对西南印度洋脊上的热液活动区的应用探测，并取得了突破性的进展。

大洋深处的海底往往有许多高温热液活动，这些区域通常被称作“海底黑烟囱”。而这些“海底黑烟囱”的重要产物就是多金属硫化物，这些多金属硫化物中包含丰富的铜、锌、铅、金、银等金属元素，虽然在这一区域的探索具有较大的风险，但其可开发的价值非常巨大。而“潜龙二号”对这一地带的探测，不仅获得了许多热液区域的地形地貌数据，同时还发现多处热液异常点，并拍摄了大量的海底矿物和生物的照片，这给人类未来探索热液活动提供了巨大的帮助。

智能机器人不仅在深海探测方面发挥着重要作用，在太空探索方面也展现了强大的能力。探索太空自古就是人类的一大梦想，从人类第一次登上月球，到现在越来越多的国家开始探索太空，人类已经朝着自己的梦想迈出了很大一步。但眺望浩渺的宇宙，我们会发现，想要实现这一梦想，人类还有很多路要走。

从最初的将航天员送上天，到后来的将空间站送上天，现在的科学家正在考虑将数量庞大的智能机器人送上天。近几年来，美国劳伦斯伯克利国家实验室的天文学家正在筹划将 5000 台微小的机器人送上太空，从而让我们通过它们的“眼睛”了解一下真实的宇宙。

事实上，这些机器人是暗能量光谱仪上的一部分，它们会在 2018 年被安装在基特峰国家天文台的梅奥尔望远镜上。其中，每个圆筒形的机器人都有一条光纤缆线，准确地指向夜空中的特定天体。科学家通过捕捉天体的光亮，可以计算不同信息和类星体远离地球的速度。通过这些数据，甚至可以对宇宙的发展历史展开详细的研究。

而同时，美国国家宇航局也发布了一个“雄心勃勃”的计划——“火星 2020”。美国宇航局计划利用 1.25 个火星年（28 个地球月）收集 20 份火星岩芯和土壤样本，而在具体的执行上，则需要依靠人工智能机器人的帮助。

在现阶段，美国国家宇航局的火星探测器“好奇号”，需要通过一系列规划才能正常地展开日常活动，“好奇号”项目团队的负责人不仅需要及时提醒它起床，还需要“告知”它花费多长时间预热自己的仪器，甚至要“告知”它如何躲避前面挡路的岩石。而“好奇号”要接收到这些指令大概需要花费 8 小时。

相对来说，“火星 2020”将会拥有更多的主动权，它可以自主做更多的事情，不仅能更好地与管理人员通信，而且能把自己叫醒，然后预热仪器。如果有剩余的电量，它甚至还可以做一些其他杂事。而这时的探测器，看上去会像《机器人总动员》中的瓦力一样。

虽然在现阶段，美国国家宇航局还没有完成这一计划，但随着人工智能技术的发展，越来越强大的人工智能将会让这一计划成为现实。而人工智能技术与太空探索完美结合时，人类对外太空的探索也将进入一个新阶段。

在人工智能时代，智能机器人将会在人类的生活中扮演重要的角色。届时，我们需要考虑的可能就不仅是单纯的人际交往关系了，很多时候，我们可能还需要好好考虑一下“人机交往关系”。

物联网：人工智能让互联网更加智能

第一次工业革命之后，人类进入了蒸汽时代；第二次工业革命之后，人类进入了电气时代；第三次工业革命之后，计算机开始普及，人类进入互联网时代；而现阶段，随着人工智能技术的发展，人类开始逐步走进人工智能时代。可以说，每次技术革新都会推动世界经济的发展，同时也会极大地改变人类的生活方式。

在现阶段，人工智能技术的发展，深刻影响着我们生活中的方方面面。而随着人工智能时代的到来，很多人认为移动互联网时代也将宣告结束。人工智能被认为具有时代拐点的意义，李彦宏也认为“人工智能将会是互联网的下一幕”，那么人工智能将对互联网产生怎样的影响呢？简单来说，人工智能技术的应用将会让互联网变得更加智能。

人工智能技术的应用，对各行各业产生了深刻的影响，同时也为各个行业带来了重大的结构变革。对互联网来说，一些人认为人工智能将会成为一个全新的互联网应用和服务的入口。这一点，在移动互联网出现的时候也表现得非常明显，移动端为互联网提供了新的入口，现在人工智能也将进一步提供新的入口。

关于互联网的入口，我们知道有门户网站、搜索引擎等，到了移动互联网时代，移动端的 App 也成了重要的互联网入口。而在人工智能时代，语音识别和图像识别技术将会给用户带来不一样的体验。这样一来，原有的门户网站、搜索引擎将会受到人工智能的威胁：通过语音、图像等技术，人们就能获得信息和服务。

将人工智能技术植入互联网中，会使互联网操作变得更加简单，并且门槛也会相对降低很多。如果想订一张火车票，使用互联网需要几个不同的步骤，而人工智能通过语义识别、逻辑判断，就能完成订票。这样不仅简化了整个操作流程，老人和小孩也能通过这种简单的交互获取信息和服务。

另一方面，人工智能还可以帮助解决网络安全问题。随着互联网的普及，网络中的数据和信息变得越来越复杂，而人工智能通过算法能从众多数据中找到具有安全风险的数据信息，并将互联网中的安全威胁进行分类，从而更好地防止风险的发生。

事实上，政府也对“互联网＋人工智能”做出了战略部署。为了加快人工智能产业的发展，国家发改委、科技部、工信部、中央网信办制定了《“互联网＋”人工智能三年行动实施方案》，指出到2018年，将会打造出人工智能基础资源与创新平台，并基本建立人工智能产业体系、创新服务体系等。同时，在重点领域将培育若干全球领先的人工智能骨干企业，初步建成基础坚实、创新活跃的人工智能产业生态，形成千亿元级的人工智能市场应用规模。

人工智能技术与互联网相结合，将会使传统的互联网升级为“智能互联网”。人工智能技术被认为是“当今时代先进的社会生产力”，而互联网则是“当今时代先进的社会生产关系”。所以人工智能与互联网的结合不仅是互联网的智能化升级，而且是当今时代先进的社会生产力和当今时代先进的社会生产关系的一种有机结合，从而产生当今时代先进的社会生产方式。

在人工智能技术与互联网结合的过程中，物联网是一个不得不谈的话题。事实上，关于物联网的实践早在1990年就已经出现，但一直到1999年才正式出现关于物联网概念的表述。而关于物联网的定义，不同机构有不同的看法。

物联网被认为是通过射频识别、红外感应器、全球定位系统、激光扫描器、气体感应器等信息传感设备，按照约定的协议，把任何物品与互联网连接起来，进行信息交换和通信，从而实现智能化识别、定位、跟踪、监控和管理的一种网络。

中国物联网校企联盟则认为当下几乎所有技术与计算机、互联网技术的结合，实现物体与物体之间环境以及状态信息实时共享和智能化的收集、传递、处理、执行的网络都可以被认为是物联网。

不论物联网的定义如何，在物联网中，互联、智能是两个重要的特征，而这也正是互联网和人工智能独有的优势。物联网的应用范围十分广泛，不仅涉及智能交通、环境保护、政府工作，还涉及智能消防、工业检测和食品溯源等领域。

当物联网真正走入我们的生活，我们会发现，我们身边的一切物体像充满了“智慧”一样：冰箱能够自己控制温度，同时还会提醒我们哪些物品快到储藏期限了；洗衣机会帮我们分辨衣服的颜色和材质，从而防止衣服在洗涤过程中出现混色；汽车不仅能够载着我们外出，而且还会实时纠正我们的驾驶行为；甚至有一天，当我们躺在沙发上看电视的时候，沙发都会对我们说上一句：“亲爱的，躺着看电视对眼睛不好。”总之，物联网将会让我们的生活变得更加有趣。

物联网不仅能够大大节约我们生产、生活的成本，而且能够从整体上提高经济效益，这对促进世界经济的发展具有重要的意义。正因如此，美国、日本等国家纷纷开始了对物联网研究的探索，为了更好地推进我国物联网的发展。最近几年，国家和地方相关部门出台了一系列政策和激励措施，以鼓励物联网产业的发展。这也让我国的物联网发展在技术标准研究、应用示范和推进产业培育方面取得了很大进步。

在人工智能时代，智能化的互联网将会成为互联网的新形态。在未来，智能互联网会更加自主地捕捉信息，也会更加智慧地分析信息，从而做出更加精确的判断，更好地为我们提供服务。在智能互联网中，人工智能将成为互联网的“大脑”，这不仅是智能互联网发展的基础，而且是人工智能在未来的一个重要发展方向。

人工智能改变金融生态

在 AlphaGo 接连战胜人类围棋高手之后，人工智能再一次成为一个热点话题。随着深度神经网络学习的应用，人工智能技术水平也比从前有了提升。越来越多的人工智能技术被应用于人类社会的各个领域，人工智能技术让互联网变得更加智能的同时，还对其他领域造成了深远的影响。

在被人工智能影响的众多领域中，金融领域可以说是变革较深的一个。在金融领域，人工智能重新解构了金融服务的生态，不仅降低了客户的选择倾向，而且加强了客户对金融机构服务的依赖程度。可以说从传统的电子化到移动化，然后再到人工智能时代的智能化，金融行业正在发生非常巨大的变化。

从本质上讲，金融实际上就是数据和数据处理，而依靠人工智能技术，金融行业的数据和数据处理将变得更加智能。金融机构不仅能够通过用户画像获得更加精准的客户资源，而且依托智能化的技术服务，还将会让自身的服务能力大幅提高。而依靠智能算法，还可以提高自身的风险控制能力，维护自身的金融安全，并创建更加安全可靠的金融服务基础设施。

金融业作为一个服务行业，所从事的业务是关于人与人之间服务价值的交换，其中，人才是核心的应用。所以金融机构与客户间的关系维护，成了金融机构的一项重要工作。在这方面，在应用互联网技术之前，金融机构需要付出相当多的成本；随着互联网技术的普遍应用，金融机构在这方面的业务能力提升了一些；而随着人工智能技术的应用，金融机构在这方面的能力得到了进一步提升。

具体而言，在互联网时代，金融机构需要业务人员与客户展开面对面的交谈，从而不断推广自己的业务。而这种人与人之间的交流，很容易使客户对银行工作人员产生一种依赖心理，从而在业务选择上更多地依靠与业务人员的关系，而不会理性地比较不同金融机构的金融服务的质量。在这一时期，金融机构与客户都处于一种信息不对称之中。

到了互联网时代，互联网技术的应用促进了金融行业的发展。金融机构大力构建金融网络，使客户能够通过互联网了解金融机构的各项业务服务内容。各种互联网金融工具的出现，也大大提高了金融机构的服务效率。在这一时期，金融机构的工作效率得到了提高，但对客户来说，他们实际需要承担的“任务”变重了。

客户需要学习金融机构的各种金融工具如何使用，而作为非专业的客户，对金融机构的各项服务并没有一个清楚的认识。金融机构的业务人员被金融工具取代，虽然降低了自身的业务成本，但实际上是将这种成本转移给了客户。从这一方面来说，金融机构同样失去了很多创造利益的机会。

到了人工智能时代，这种现象有了较大的改观。人工智能技术的发展，让机器获得了模拟人类行为的能力。对金融机构而言，利用这一技术，它们可以将在互联网时代被省去的业务人员，用人工智能机器替代。成本没有增加，但工作的效率得到了提高。之所以会出现这种情况，主要是因为人工智能技术的应用，在很大程度上降低了客户的选择成本。

前面说到，在互联网时代，金融机构通过各种金融工具将自身的成本转嫁给了客户。金融机构的工作少了，但客户的负担加重了，他们需要花费很多时间从金融机构的各种服务中选择一种质量更高、更加适合自己的服务。显然，对一些并不了解金融常识的客户来说，做出这样的选择需要付出比其他人更多的成本。

而应用了人工智能技术之后，人工智能程序将会主动帮助客户比较不同的金融机构提供的各项金融服务，从而选出质量更加优秀、更加适合客户的那个，推荐给客户。在这一过程中，客户变得越来越聪明了，即使是没有相关金融知识的客户，也能选择一种合适的金融服务。

目前，这一方面在金融领域明显的表现就是许多第三方机构的出现。它们的出现也对传统的金融机构造成了很大的冲击。许多互联网金融公司纷纷借力人工智能技术，从而推出更加智能化的金融工具，帮助客户做出更加精准的金融决策。正因如此，大量的金融客户纷纷离开传统的金融机构，选择了更加智能的互联网金融服务。当然，近年来，传统的金融机构也纷纷发展人工智能技术，这不仅促进了自身金融服务能力的提升，而且带动了整个社会金融服务水平的提高。

上面介绍的只是人工智能对金融行业的一个较为显著的影响，主要集中在金融服务方面。事实上，在提升金融数据的处理能力上面，人工智能技术也起到了重要的作用。

在信息化社会中，数据是一种十分重要的资源，尤其对金融行业来说，数据的重要性更是不言而喻。随着互联网的不断普及，越来越多的数据信息出现在网络中。对金融机构来说，无论是金融交易、市场分析，还是客户信息和风险控制，所需要处理的数据都是十分庞大的。

随着数据信息的爆炸性增长，金融机构在处理数据信息时要面对的困难也开始成倍增长，如何更好地过滤无用的数据，精准地找到自己所需要的数据，成为金融机构提高其工作效率的一个重要因素。

面对这些困难，人工智能技术成为金融机构解决困难的突破口。通过人工智能技术中的深度学习系统，人工智能程序能依靠大数据进行学习，从而不断完善自身的业务能力。对金融机构来说，提升人工智能程序的金融业务能力是一个重要的发展方向。在这方面，金融机构相当于培养了一个具备金融知识的业务人员，而人工智能程序在能力方面要远超人类。

人工智能程序的应用将帮助金融机构提高风险管理和数据处理能力，同时还能降低金融机构的人力成本，并提升金融机构的业务处理能力。人工智能技术将成为金融机构获取客户、维系客户的一个重要技术因素。同时，将在金融服务、风险管理和投资决策方面带来一系列的变革。这将大大改变现有的金融生态，从而让金融机构的服务变得更加人性化、智能化。

现阶段，人工智能技术已经被广泛应用于金融机构的基础服务中。在前台，人工智能程序可以与客户展开自然的语言交流，从而根据客户的信息处理评估信用和提示风险。即使数据信息再庞大，人工智能技术也能精确定位客户，这样金融机构便可以依靠程序对客户的“画像”，做出相应的风险控制和金融决策。

未来，人工智能技术会进一步改变金融行业的固有生态，从而为金融行业带来更加深远的变革。对金融机构来说，能否抓住人工智能技术这一重大机遇，会成为影响其未来发展的一个重要因素。

人工智能带来“智慧医疗”

人工智能技术深刻影响着我们生活的方方面面，不只在金融服务领域，在医疗领域，人工智能技术也发挥着重要的作用。与在金融服务领域的应用相比，人工智能在医疗领域的应用，对我们的生活的影响显然更大。

随着人工智能技术的不断成熟，“智慧医疗”成了一个社会热点话题。下面来看一看，人工智能技术的应用对医疗领域的深刻影响。

对于“智慧医疗”，百度CEO李彦宏曾做过一次以《智能医疗 奇点临近》的演讲。在演讲中，他认为人工智能对医疗领域的影响可以被分为4个不同的层次（见图5-4）。对这4个不同的层次，李彦宏还进行了详细的解释。

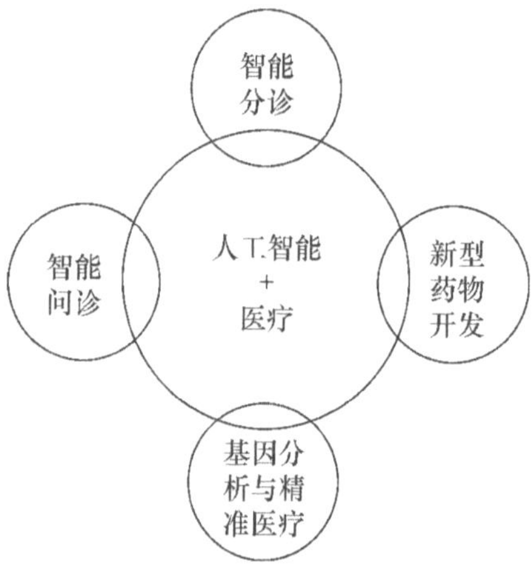

图 5-4　智慧医疗

在智能分诊方面，李彦宏认为这一层次主要解决“怎样通过线上把用户引流到线下，并分发用户到那些适合处理他们的疾病的地方去”的问题。

在智能问诊方面，则是以庞大的数据信息为基础，人工智能程序对病症加以判断、诊疗，在这一方面，由于深度学习技术应用在庞大的数据支撑下，人工智能程序可能在很多时候会超越医生。

在基因分析和精准医疗方面，李彦宏提到了一个现代医疗所遇到的问题，他说："目前看，用基因治病的较大问题是大多数已知的基因导致的疾病是单基因导致的，而这些病又大多是罕见病，而大多常见病据我们猜测是多基因导致的。所以要搞清楚一个病是由哪些基因共同作用导致的，其实需要大量的计算。"提到大量的计算，人工智能技术就得到了用武之地。

李彦宏在描述互联网行业与医疗行业的差异时，曾提到一个很有意思的问题，他说："在我跟医疗行业的人交流的时候，在我们看来很深奥的医学知识，在他们看来其实很简单，反之亦然，在我们看来很简单的计算，在他们看来就是大数据、人工智能，有点难。"如果将医疗和人工智能隔离开来，可能懂得人工智能的人并不懂得医疗，而懂得医疗的人则并不擅长人工智能的研究。

所以正是出于这样的考虑，李彦宏认为将人工智能技术与医疗相结合，无论对人工智能研究者，还是对医疗领域的研究者来说，都是一件很有意义的事情。

在新型药物的研发方面，李彦宏在演讲中说："今天已知的有可能形成药的小分子化合物大概是10的33次方这么多，大概全宇宙所有的原子加起来都没有这么多。"而想要将如此庞大的数据进行整理分析，就需要极其强大的计算能力和先进的智能算法，李彦宏认为，与精准医疗一样，在这一方面，人工智能技术将具有很大的发展空间。

在现阶段，人工智能技术在医疗领域的实践，正如李彦宏在演讲中所说的一样。现在在全球范围内，人工智能技术在医疗领域的应用已经取得了很大的成效。

在“智慧医疗”中，医疗机器人还可以细分为能读取人体神经信号的可穿戴型机器人，以及能进行手术或提供医疗保健功能的机器人，前者多被称为“智能外骨骼”，而后者则以“智能手术系统”为代表。

在“智能外骨骼”的研究中，许多国家取得了突破性的进展。2017 年，纽卡斯尔大学的生物医学研究人员开发了一种仿生手臂，在仿生手臂中安装了一个摄像头。而这个摄像头运用的就是人工智能研究中的计算机视觉技术，正是这一技术的应用使这种仿生手臂能对物体的大小和形状进行分析评估，然后通过自动调节手势和力量大小完成物体的抓取动作。

在“智能手术系统”方面，现阶段，世界上具有代表性的手术机器人就是达・芬奇手术系统了。达・芬奇手术系统一共分为两个不同的部分：手术室的手术台和医生远程操控的终端。手术台是一个拥有 3 个机械手臂的机器人，主要负责对病人进行手术。达·芬奇手术系统的一大特色就是施展手术的机械手臂不仅装有摄像头，而且在灵活性和准确度上远高于人类，所以能够完成一些人类无法完成的精细手术。

在控制终端方面，医生可以通过摄像机清楚地监控手术的全过程，同时达·芬奇系统还能将摄像机拍摄的二维图像还原为清晰的三维图像，从而让医生更好地看清病人体内的实际情况。现阶段，达·芬奇系统已经完成超过 300 万例手术，具备了出色的实践能力。

与国外的“智慧医疗”相比，中国的人工智能医疗起步较晚，所面对的困难也更为复杂。但从发达国家“智慧医疗”的应用实践来看，随着人工智能技术的日趋成熟，中国的“智慧医疗”将会逐渐发展起来，在医疗领域中存在的各种问题也能得到解决。为此，不断加强人工智能技术与医疗领域的结合，也成了现阶段我国医疗改革的一个重要方向。

智能工厂：工业 4.0 时代的制造先驱

人工智能时代，人们通过微信、微博、QQ 等即时通信工具，随时随地地分享、交流、学习。消费者已不满足于现有的产品，他们渴望参与到供应链的上游活动决策中，他们希望在产品的设计、采购、制造、服务中发表自己的见解。这就要求制造企业通过前端与消费者进行高效、精准的互动，倒逼生产方式实现柔性化，围绕消费者进行整条供应链的再造。

人工智能时代，制造企业在产品制造过程中越来越关注生产数据的采集与跟踪、质量控制、生产监控、物料管理、制造车间现场网络化监控和管理、订单全生命周期管理和智能化决策支持等关键技术。在满足制造企业对这些技术的需求过程中，人工智能充当了重要角色。

2011 年 4 月，德国在汉诺威工业博览会上推出了“工业 4.0”战略，随后许多国家纷纷推出适合自身的工业发展规划。在各国政府推出的“工业强国”战略中，几乎都涉及了“智能工厂”的概念。简单来说，智能工厂就是利用各种现代化技术，实现工厂的办公、管理和生产的自动化，从而达到加强及规范企业管理、减少工作失误、堵塞各种漏洞、提高工作效率、进行安全生产、提供决策参考、满足客户需求、拓宽国际市场的目的。

与简单的智能化工厂相比，场景化智能工厂具有实时映射、连接、控制的特点，可以从交互、下单、测试、开发、生产、运维、服务等角度，打破现实与虚拟之间的藩篱，实现产品在全生命周期内生产、管理、连接的高度数字化及智能化。

场景式智能工厂的虚拟信息平台能提供一种基于互联网云技术的 Web 应用程序，它能虚拟真实的生产环境，能让人在线浏览生产设施的运行情况及提供 3D 情境下智能化制造和生产信息，并能以三维的形式展示生产设施及周边的地理环境，可采集、汇总和查看各种信息。生产管理人员可以通过工厂虚拟形象平台远程监控工厂，随时随地获取生产、质量、订单等各种信息，从而提高管理透明度，促进各部门间的知识共享和协作。

此外，场景式智能工厂还涉及数字化服务，通过数字化服务提高设备利用率、提高设备维保质量、优化能源效率、提高信息服务的速度和质量。管理人员能从数据中发现潜在价值，并把智能工厂中的大数据变成有意义的信息，使智能决策成为可能。

场景式智能工厂为工厂运营和质量管理提供了端到端的透明化，把车间的自动化设备与产品开发、生产工艺设计及生产和企业管理领域的决策者紧密连接在一起。借助生产过程的全程透明化，决策者可以及时发现产品设计与相关制造工艺中需要改进的地方，并进行相应的运营调整，从而使得生产更顺畅、效率更高。

奥星集团是著名的铝壳生产商，其丰富的模具、机械设计制造经验及多项专利打造出了优良的产品，是国内外知名的各大电容器厂商的配套商。随着业务量不断扩大，其传统的管理模式和生产方式难以满足不断变化的市场需求。

2017年年初，在优海信息的技术支持和服务下，奥星集团成功实施了场景式智能工厂。如今其工厂全部用3D动态虚拟场景整体呈现，3D动态虚拟场景与ERP系统、MES系统、数据自动采集系统、阿里云服务器集成与通信，用数据驱动人、机、料的3D场景运动，并与工厂现场实景完全同步。虚拟、现实、数据成功对接，实现了真正的智能化管理，设备及工艺数据实时预警与监控、调度和生产现场优化布局调整等功能。

优海信息根据其智能工厂建设的经验，总结出了精益化、自动化、智能化、场景化的“四化”建设路径，其场景化应用了人工智能、虚拟现实、大数据、云计算等技术，是智能工厂的目标。通过场景化助力企业整合横向和纵向价值链，为工业生态系统重塑和实现“工业4.0”构筑了一条坚实之路。

第六章 与人工智能一起生活

当爱已成往事，AI 伴侣能做什么

在不久的将来，人类会与人工智能生活在同一个屋檐下，当然这个“屋檐”并不是实验室或研究所的屋檐，而是我们家中的屋檐。事实上，在现阶段，人类对人工智能的研究已经进入一个崭新的阶段，不仅在科学研究和商业领域中，在人们的生活与情感研究方面也取得了许多突出的成就。

我们在前面介绍了人工智能技术的发展历史和商业化应用。在这些方面，人工智能技术的应用，已经取得了较大的成功。同时，在前面我们还介绍了应用语音识别技术，人类开发出了可以进行语音识别的人工智能程序。通过语音识别技术，人工智能能够听懂人类说话的内容，从而更好地与人类展开互动，这为人工智能成为人类生活的助手打下了良好基础。

除了充当人类生活的助手之外，在另一个层面上，人工智能逐渐向人类生活管家的方向不断发展。通过人工智能和互联网技术，与人类生活密切相关的各种物品被连接到一起。这样一来，虽然冰箱与电视之间并没有产生直接的联系，但通过人工智能程序，这些物品实际上被连接在了一起。人工智能程序可以对这些连接物下达指令，从而整体上协调它们，基于此，人工智能程序开始在人类生活中扮演管家的角色。

从助手到管家，人工智能程序不仅在角色定位上发生了变化，在具体功能上也得到了很大程度的增强。而现在，有一个新的角色等待人工智能去挑战。事实上，人类早就着手对人工智能扮演的这一角色进行了研究，至少在影视作品中，人类已经勾勒出了“她”的完美形象。

大学生次郎是个寂寞的人，连过生日也没有人为他送上祝福。但命运往往就是喜欢捉弄这样的人，次郎在独自过 21 岁生日时，遇到了一个来自未来的机器人女孩。机器人女孩不仅挽救了次郎的性命，也点亮了次郎的生活。此后，次郎与机器人女孩的故事慢慢展开，在经历了欢笑、泪水、离别之后，次郎与机器人女孩之间产生了一种超越种族的爱情。

这是电影《我的机器人女友》的主要内容，单纯从内容简介上看，这部电影似乎只是一个科幻的爱情故事。但实际上，无论是从影片的表达，还是导演的拍摄意图上看，这部电影所包含的内容，远不只爱情故事这么简单。

影片的导演力图构建一个人类与机器人从相识到相恋的完整过程，不仅其风格比较幽默，而且我们确实能看到人类与机器人之间相处的一点一滴。而对于人类与智能机器人之间最后能否“圆满”这个问题，导演采取了回避的态度，以一种“爱的牺牲”将这段感情画上了句号。

现实毕竟不是电影，其与电影之间存在诸多的不同。但是，从另一种角度看，正是在现实中看到了可能性，人们才会选择用不同的方式把它表现出来，绘画如此，音乐如此，电影更是如此。既然这样，人工智能机器人是不是在现实中也能与人类展开一场轰轰烈烈的爱情呢？虽然在现阶段我们无法做出判断，但是至少我们看到了可能性。

机器人技术发展至今已经取得了很大的成就，而随着人工智能技术的发展，越来越多的人工智能机器人也开始出现在人们的生活中。与以往的机器人不同，现阶段的人工智能机器人不仅在外表上更加类似于人类，在性格及感情表达方面也越来越像人类。当这样一个智能伴侣出现在我们的面前时，我们是否还能用机器和人类这种衡量标准划分彼此呢？

2017 年 10 月 26 日，沙特阿拉伯授予了美国汉森机器人公司生产的“女性”机器人索菲亚公民身份。因此，索菲亚也成为史上第一个获得公民身份的机器人。索菲亚拥有与人类女性相似的面容，她的皮肤主要使用仿生皮肤材料Frubber制成，脸上拥有毛孔，并且能够自然地展现多种不同的面部表情。不仅如此，索菲亚还能够根据自己“大脑”中的计算机算法识别人类的表情和语言，同时做出相应的回应。

索菲亚的创造者大卫·汉森认为索菲亚将会像人类一样，拥有意识、创造力和其他能力，索菲亚也说过同样的话。在一次对话中，主持人询问索菲亚关于AI威胁论的问题，索菲亚幽默地回答道：“你是看了太多马斯克的话，还是看了太多好莱坞的电影。别担心，人不犯我，我不犯人。你就把我当作一个智能的输入输出系统。”

大卫·汉森曾说：“我相信这样一个时代即将到来，人类与机器人将无法分辨。在接下来的20年，类人机器人将行走在我们之间，它们将帮助我们，与我们共同创造快乐、教授我们知识、帮助我们带走垃圾等。我认为人工智能将进化到一个临界点，届时它们将成为我们真正的朋友。”

汉森的这一论断并不是毫无根据的，不仅是索菲亚，越来越多的与人类相似的人工智能机器人被研发出来。这些人工智能机器人被设计成人类的模样，开发者希望它们能够解决人类在现实生活中遇到的一些问题，无论是情感方面的，还是生活方面的。

与电影《我的机器人女友》中的次郎的情况相似的人，在现实中，不在少数。他们可能不是不优秀，只是缺少与别人交往的能力。人与人之间，根据彼此的好恶关系相互交往，人工智能伴侣并不会讨厌人类，这也让那些在社交能力方面有所欠缺的人，不必担心自己被拒绝，从而也能更好地让他们放开心扉表达自己的感情。但将人工智能伴侣作为情感的寄托还存在一个显著的问题。

人们在交往联系的过程中会存在好恶感是事实，但正因如此，人们才能在与他人的交往中，不断弥补自身存在的缺陷，让自己变得更好。而人工智能伴侣正因为缺少好恶感，才不能指出对方的缺点，这样对方也就没有办法了解自己的缺陷，从而做出改变。所以很可能出现的情况就是人工智能伴侣出现之后，那些原本就不擅长与他人交流的人，变得更不会与他人交流，甚至久而久之连正常的交往都会出现困难。

所以在这一方面，人工智能伴侣除了陪伴的功能之外，能否帮助陪伴对象逐渐变得完美，成为决定它能否被广泛接受的一个重要原因。虽然在这方面还存在一些问题，但是在陪伴老年人方面，人工智能伴侣可以说是一个完美的选择。

不久前，以色列的一家名为“直觉机器人”的公司推出了一款新型的人工智能伴侣。这款新型的人工智能伴侣不仅能够让老年人轻松、随意地与亲人联络，而且能够减少老年人的孤独感。

该公司联合创始人兼首席执行官多尔·斯库尔克曾说："现在我们的寿命更长，同时身体也更健康。90% 的老年人想要住在自己的家里，而在这段时间里，他们仍然有很强的认知能力，仍然是独立的，在生活中不需要辅助护理。相反，年轻人日益远离父母，他们繁忙的生活非常依赖科技。30% ～ 60% 的老年人认为自己是孤独的，这通常意味着真实的数字可能会更高。"而这也正是他们推出这种人工智能伴侣的一个重要原因。

事实上，在全球范围内，老龄化已经成为一个突出的问题。在中国，这个问题表现得十分突出。对独生子女来说，赡养老人的负担已经相当沉重，很难再抽出时间陪伴自己的父母。而人到了一定年纪，不仅身体的各项功能出现衰退，而且情感也会变得更加脆弱。这时候，一个"善解人意"的人工智能伴侣，将会对老年人起到重要的作用。

无论是对年轻人的情感寄托，还是对老年人的智能陪伴，人工智能伴侣的出现都具有重要的意义。虽然在应用阶段还存在很多需要考虑的问题，但人工智能伴侣发展的整体速度和趋势并不会改变，甚至在未来一段时间，其发展速度还将继续提高。或许不久之后，每个人都会拥有属于自己的贴身伴侣。

离不开手机，是因为它“聪明”了

智能手机的普及让越来越多的人沉迷其中，现阶段，越来越多的家长开始担心孩子会被手机“贻误终生”。很多家长将孩子沉迷智能手机，归结于孩子的贪玩心理，但在这一现象背后的主要因素，可能并不是孩子的贪玩心理，而是现在的智能手机越来越“聪明”了。

仔细分析我们会发现，虽然手机的诞生可以追溯到40多年前，但实际上，手机的爆发式发展只是近几年的事情。一个明显的例子就是中国在互联网普及之后，随着通信技术的发展，移动互联网开始出现，此后，智能手机也迎来了大爆发时期。

在现阶段，智能手机的发展依然呈现大爆发的趋势，但这种爆发与移动互联网时代不一样。在人工智能时代，智能手机的大爆发更多表现在质量上。随着越来越多的人工智能技术的应用被开发出来，我们手中的手机可能已经不再是手机了。虽然名称没有发生改变，但在实际功能上发生了翻天覆地的变化。现在你回忆一下，对比一下一天中用手机打电话、发短信的时间和使用手机的其他功能的时间，就会发现，手机的功能在我们生活中早就发生了变化。

从智能手机的不断进化过程中，我们也可以看到现代科学技术发展的一个重要趋势。从“苹果教父”乔布斯带来第一部真正意义上的智能手机以来，智能手机经历了很长时间的发展，但对比之后我们会发现，无论是外观还是内在，智能手机其实并没有出现较大的变化。

随着人工智能技术的进步和物联网的发展，在近几年中，智能手机似乎迎来了大变革时期。人工智能技术的应用，成为智能手机更新换代的一个主要推动力。而人工智能芯片的出现，则成了智能手机进入新时代的一个重要标志。

在人工智能技术的应用方面，前面我们提到的人工智能语音识别技术已经被广泛应用于智能手机。现在很多智能手机已经搭载了不同类型的语音助手，这些语音助手在拓展智能手机功能的同时，也让智能手机的操作更加简便，智能手机开始变得更加“智能”。

除了语音助手外，许多智能手机还搭载了智慧旅游助手、个人健康助手等针对不同用户的个性化服务。可以说，各种类型的人工智能应用的出现，让智能手机在功能上得到了显著的提升，同时在个性化服务方面也能够更好地满足不同用户的需求，这也是智能手机获得巨大发展的一个重要原因。

而在人工智能芯片方面，世界上几大手机厂商也早早开始了人工智能芯片的研发备战。苹果公司在 iPhone X 上搭载了自主研发的人工智能仿生芯片 All Bionic 芯片，从而使 iPhone X 具备了 AR 功能以及人脸识别功能。而华为公司也已经将自己研发的人工智能芯片麒麟 970 搭载到了华为的较新机型 Mate 10 中。与苹果公司的人工智能芯片相比，麒麟 970 在设计了 HiAI 移动计算架构的同时，还加入了 NPU 模块，能够提供全局应用的人工智能服务。

其实对于人工智能技术的应用，华为公司早在 Mate 9 上就进行了尝试。华为 Mate 9 应用了智能感知学习技术，不仅能够跟踪趋势和行为模式，而且能够解决手机因为长时间使用而出现的反应变慢的情况。而华为公司在华为 P10 和 P10 Plus 中，则加入了 Ultra Memory 功能，把智能感知和深度学习技术结合在一起，从而实现自动化的碎片处理功能，不仅提高了手机的响应速度，而且缩短了应用的启动时间。

华为 Mate 10 所搭载的人工智能芯片麒麟 970，可以说是华为公司人工智能技术的一个集大成的表现。作为全球首款内置独立 NPU（神经网络单元）的智能手机 AI 计算平台，麒麟 970 芯片具有强大的 AI 数据处理能力。华为麒麟 970 芯片采用了创新的 HiAI 移动计算架构，在 AI 性能密度上要远远高于 CPU 和 GPU。在处理 AI 应用任务中，麒麟 970 与其他类型的芯片相比，具有更加强大的能效和性能，所以能够更加高效地完成 AI 计算任务（见图 6-1）。

工艺	NPU	CPU	GPU	摄像头
• 台积电 10nm 工艺打造 • 集成了 55 亿个晶体管	• HiAI 移动计算架构	• 4 个主频为 2.4GHz 的 Cortex-A73 大内核与 4 个主频 1.8GHz 的 Cortex-A53 内核组成	• 率先商用 Mail G72 MP12 GPU • 图形处理能力上升 20%	• 升级自研双 ISP，人工智能场景识别，场景检测

图 6-1　麒麟 970 芯片配置参数

除了计算能力外，华为公司还在其他方面提高了芯片的性能。华为麒麟 970 芯片使用了 4*4MIMO 和 256QAM 等多种不同技术，从而将原本碎片化的频谱聚合成了最大带宽，这就在很大程度上提高了手机芯片的速率。华为麒麟 970 芯片的聚合峰值能力最高可以达到 1.2bit/s 的下载速率，即使在高铁上，其性能表现也依然出色。

在具体的应用上，华为麒麟 970 芯片正在不断提高其语音识别和图像识别的能力，从而保证搭载该芯片的手机在拍照或识别图像时，能够利用人工智能技术提高精准识别的能力。而在使用语音识别功能时，麒麟 970 芯片中的 AI 降噪语音技术还能让使用者在嘈杂的环境中，提高手机对语音识别的准确率。

华为人工智能芯片麒麟 970 的出现，拉开了人工智能技术在智能手机芯片方面的“军备竞赛”，除了苹果公司外，三星公司也会很快加入战局，而随着人工智能技术的普及，越来越多的手机厂商会加入其中。可以想象，智能手机的发展将会在竞争中飞速前进。

随着智能手机变得越来越“聪明”，它们在我们生活中的作用也会越来越重要。利用人工智能手机，人们可以进行远程操控、设备交互和人机交互，从而更加简单地实现人类与机器之间的“交流”。这种改变也会使我们的生活变得更加便捷、智能。

随着 5G 时代的到来，人工智能手机的网络传输速度将会得到进一步提高，人工智能手机将会获得更进一步的发展。作为物联网中的一个重要智能终端，人工智能手机将影响整个人工智能产业，当然也将改变我们的生活。

/智能终端：让生活变得简单/

在人工智能时代，人工智能技术的研发成了众多企业的竞争方向。除了在人工智能技术方面的研发外，人工智能终端也成了当前市场追逐的一个风口。在前面的介绍中提到过智能手机是一个重要的智能终端，但没有对智能终端的定义和具体内容展开分析。在这一节中，我们详细了解一下智能终端的发展及其在人工智能时代，将会对我们的生活产生的重要影响。

近年来，国家为了智能终端产业的健康发展，出台了许多政策。在2013年国务院《关于促进信息消费扩大内需的若干意见》(简称《意见》)中，提到了鼓励智能终端产品创新发展的内容。《意见》提出了“面向移动互联网、云计算、大数据等热点，加快实施智能终端产业化工程，支持研发智能手机、智能电视等终端产品，促进终端与服务一体化发展”的内容。

2014年《国家集成电路产业发展推进纲要》正式公布，提到了“聚焦移动智能终端和网络通信领域，开发量大面广的移动智能终端芯片、数字电视芯片、网络通信芯片、智能穿戴设备芯片及操作系统，提升信息技术产业整体竞争力。发挥市场机制的作用，引导和推动集成电路设计企业兼并重组”的内容。

从定义上看，智能终端是一类嵌入式的计算机设备，具有智能操作系统，可以自由介入公众互联网，可以下载并执行各种专门开发的应用程序。具有丰富的多媒体处理能力和人机交互能力的设备都可以被认为是智能终端设备。

现阶段我们所接触的智能终端包括智能手机、智能电视机、平板电脑以及可穿戴设备等。从特征上看，智能终端属于消费电子类产品，其推陈出新的速度很快。而从智能终端的体系结构方面，可以分为软件结构和硬件结构两个类别（见图 6-2）。

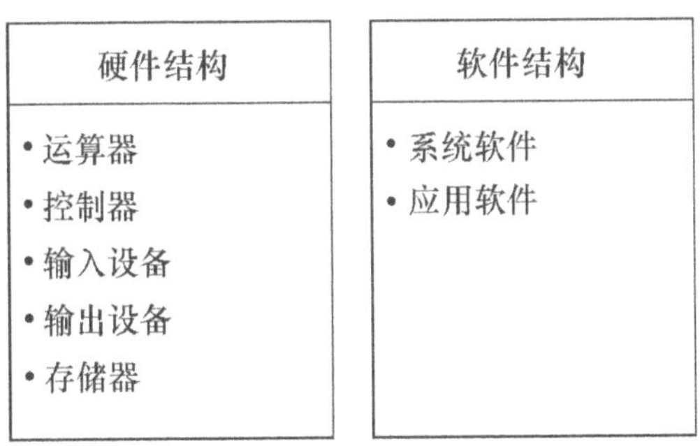

图 6-2　智能终端的构成

在硬件结构方面，智能终端采用的多是计算机的经典体系结构，也就是冯·诺依曼结构，它是由运算器、控制器、输入设备、输出设备和存储器5大部件组成的。运算器和控制器又构成了整个计算机的核心部件——中央处理器，也就是我们通常所说的CPU。

在软件结构方面，与计算机软件结构相似，智能终端的软件结构也包括系统软件和应用软件两类，其中系统软件主要包括操作系统和中间件。操作系统可以说是智能终端系统的基础和核心，作为一个庞大的管理控制程序，操作系统一般有进程与处理机管理、作业管理、存储管理、设备管理和文件管理5个方面的功能。中间件则主要包括函数库和虚拟机，从而使上层的应用程序在一定程度上与下层的硬件和操作系统无关。

应用软件则为用户提供一些直接使用的功能，从而满足用户不同的需求。在整个智能终端中，操作系统主要负责提供底层API，而中间件负责提供高层API，应用程序则主要负责为用户提供一个与智能终端进行交互的接口。

随着人工智能技术的不断发展，智能终端在这几年也进入了一个爆发式增长阶段。原本在我们生活中，冰冷的电器设备一下子变得温暖、聪明起来，它们不仅能够更好地完成自己的“本职工作”，而且还能够让用户享受更好的体验。这意味着智能终端设备的开发，具有巨大的市场价值。

电视对每个家庭来说是一件必不可少的电器，但随着互联网的普及，越来越多的家庭用计算机取代了电视机。但在近几年，这种现象出现了逆转，电视机重新找回了自己在家庭中的地位。之所以会出现这种情况，主要是因为电视机变得“聪明”了。

近几年来，智能电视机越来越多地出现在我们的生活中。与传统的电视机不同，我们可以使用智能电视点播自己喜欢的内容，而整个操作过程，我们只需要简单地说几句话就能完成。同时与智能手机一样，我们还可以在智能电视上安装自己喜欢的应用，从而体验在大屏幕上的操作快感。智能电视还能够与其他智能终端设备连接，从而共享资源，实现多屏互动。

在现阶段，智能电视机还具有很大的发展空间。虽然现在智能电视机能够与其他终端设备进行互联，但在具体的功能应用，以及功能扩展方面可以提升的空间还非常大，所以无论是对电视厂商还是人工智能公司来说，智能电视机的研发都具有很高的市场价值。

与智能电视机一样，许多家用电器也可以成为一个个智能终端，关于这一内容我们在后面详细介绍。可能提到智能终端，大多数人能够想到的就是智能手机、智能家电或智能遥控器之类的家用电器设备。但实际上，正如前面介绍的一样，智能终端设备的范围非常广，智能自助终端和智能可穿戴终端设备也是两个重要的智能终端。

智能自助终端在现阶段还刚刚起步，但由于运营成本较低，人力、物力的投入比较少，还是具有较大的发展前景的。现阶段的智能自助终端主要依靠触摸屏、键盘或摄像头与用户产生交互。同时，用户还可以直接使用智能手机等其他智能终端与智能自助终端进行互动。

智能自助终端和智能手机能够形成良好的协调关系，从而为使用者提供线上、线下双重全面的服务。而在支付方面，智能自助终端将会使支付手段变得多样化，在另一方面，这种智能自助终端也将让支付宝、微信等支付方式变得越来越普及。而在智能服务方面，智能自助终端可以被广泛应用于校园和政府等公共服务领域，从而让各种公共服务变得更加简便、快捷。

与智能自助终端相比，智能可穿戴终端的应用要更广泛一些，在技术层面上，智能可穿戴终端的技术也相对成熟一些。智能可穿戴终端是指可以直接穿在身上或被整合到衣服、配饰中，同时通过软件支持和云端进行数据交互的设备。虽然关于智能可穿戴终端的概念很早就已出现，但实际上到了2012年，智能可穿戴终端产品才被推入市场。

在众多智能可穿戴终端中，智能手环、智能手表、智能眼镜等设备较为常见，其市场销量也相对较高。智能手环和智能手表在技术应用上相对简单，而智能眼镜的技术门槛则相对较高，在功能表现上也更为复杂。

随着人工智能技术的发展、成熟，越来越多的智能终端设备将出现在我们的生活中。当我们身边的物体都具有自己的“智能”时，我们便能够更加简单、快捷地与它们进行交流，从而使我们的生活变得简单、舒适。让我们的生活变得更加智能，这在几年前可能还不现实，但在现在，以及不久的将来，这个想法将会轻松实现。

智能家居：智能从家开始

早上，太阳刚刚升起，小王卧室里面的闹钟便吵个不停。小王随口说道：“嘿！半个小时后再叫我。”闹钟便停止了响动。半个小时后，闹钟再次响了起来，小王穿好衣服迷迷糊糊地走出卧室。

到了客厅，小王又说道："嘿！听一下今天的早间新闻。"电视旁边的音箱便开始播放当天的新闻内容。洗漱完毕之后，小王准备外出晨跑，冰箱却对小王发出"提醒"，告知小王鸡蛋没有了，需要及时购买。在小王关上房门后，又听到了门锁发出的"注意安全"的提醒。

小王在公园中晨跑了半个小时，之后，小王的腕表开始向小王"汇报"跑步过程中的身体信息。在经过无人超市时，小王顺便买了鸡蛋，而在向家走的过程中，小王的手机收到了购买鸡蛋的扣款通知。

到了家门口，小王对门说了一句："嘿！我回来了！"然后将脸对准门上的屏幕，伴着"欢迎回家"的声音，门锁很快便打开了。走进家中，小王对着音箱说道："嘿！来点音乐。"音箱便开始播放音乐，同时在浴室中传来了"洗澡水已烧好"的声音。小王把早饭放入微波炉中，便开始洗澡。当小王从浴室出来时，香喷喷的早饭已经"出炉"了。

这就是小王每天的早间生活。我们可以看到，在小王的早间生活中，出现了一些我们在现阶段还无法接触的东西——"会说话的门锁""听命令的音箱""给提醒的冰箱"。

在现阶段，我们的确还无法接触到这些东西，但很快，我们便会对这些还接触不到的东西习以为常。因为，这些东西将成为我们生活的一部分，或者说是我们的智能家居的一部分。

智能家居也可以被理解为家居的智能化，就是以住宅为平台，利用网络通信技术、安全防范技术、自动控制技术、视音频技术等多种技术对家居设备进行改造，把与家居生活有关的设备和设施集成在一起，从而构建高效的住宅设施和家庭日程事务管理系统。最终提升家居生活的安全性、便利性和舒适性，并且还可以实现节能环保的功效。

与普通家居一样，智能家居具有传统的居住功能，不同之处在于，智能家居让整个家居环境变得更加智能。智能家居的概念很早就已经出现，但始终没有一个具体的建筑成品出现。到1984年，才出现了第一栋“智能型建筑”，自此之后，智能家居开始广泛传播起来。

在前面，我们详细介绍了智能终端的内容，其实智能家居与智能终端之间有着密切的联系。智能终端可以被看作智能家居的基础。智能家居的目标就是让家居生活中的每个单品都具有一定的“智能”，也就是让每个单品都成为一个智能终端，然后将这些智能终端连接在整体的家居环境中，从而让它们物物沟通、协同作业。

这样一来就能够实现我们在开篇所描述的场景：在我们的家居生活中，好像存在一个隐形的助手一样，它可以照顾我们的日常起居，同时还能够打造舒适自然的生活环境。虽然要实现这一目标，还需要一段时间，但随着人工智能技术的发展和应用，智能家居必将一步步走入我们的生活。

事实上，在现阶段，我们的家居生活已经有了一些“智能化”的改变。从整个智能家居市场来看，智能家居单品主要包括与人身安全相关的视频监控、智能门锁，与生活健康相关的手环、智能体重秤，与节能环保相关的智能开关、智能家电，以及与游戏娱乐相关的智能路由、智能音箱和智能电视盒子等产品。虽然智能家居的整体环境还没有实现，但在现阶段，像智能开关、智能家电、健康手环等产品已经进入了千家万户，为我们带来了舒适、便利的使用体验。

随着智能家居的不断火热，智能家居企业层出不穷，这也使越来越多的智能家居产品被研发出来。当前，智能家居企业发力的重点主要集中在能源和公用事业、智能锁、家庭机器人、厨房和家电等领域（见图 6-3）。而在麦肯锡《激发物联网潜能》的报告中，智能家居行业在 2025 年产值将达到 2000 亿～ 3500 亿美元，这也使智能家居企业的竞争变得更加激烈，每家智能家居公司都想尽早地在行业内完成布局。

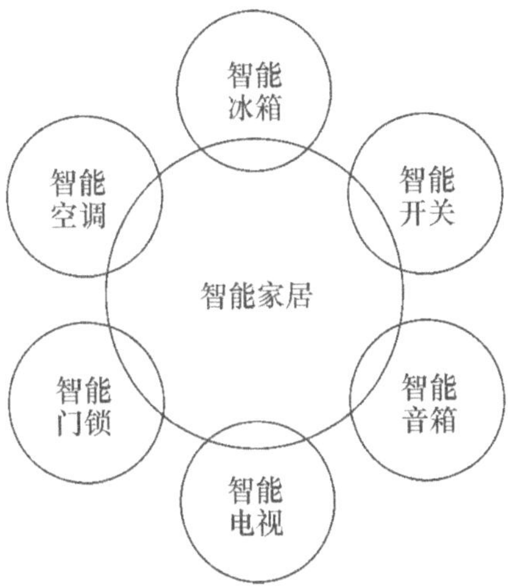

图 6-3　智能家居企业发力的重点

近几年中，雷军带领小米始终在探索新的发展领域。其实早在小米诞生之初，雷军就不想将小米局限在智能手机领域，而是希望找到新的发展模式。雷军将硬件生态链的建设作为小米未来的发展目标，而到 2016 年，小米已经投资了 77 家智能硬件公司，距离雷军 5 年投资 100 家公司的目标越来越近。

随着小米硬件生态链的不断扩展，小米生态链中的产品数量也开始逐年增长，从体重秤到电动车，小米生态链中的产品形态各异，产品与产品之间似乎并没有联系。但实际上，小米已将智能家居作为一个新的发展领域，在过去几年中，小米始终没有停止在这一领域的布局。

从 2014 年开始，小米就先后在北京、上海、深圳等地投资了智能家居公司，从而为自己的智能家居之路打下了坚实的基础。近几年，小米还投资了智能投影仪、智能路由、智能电视等智能家居的重要产品。为了更好地开拓智能家居领域的市场，小米与家电巨头美的公司展开了合作。

小米与美的之间的合作，不仅让自己的智能硬件技术有了用武之地，也弥补了自己在家电领域的不足。而美的公司也同样有这样的需求，与其自己研究并不擅长的人工智能技术，不如与小米展开合作，从而更好地取长补短，最终促进产品的销量增长，同时还能在很大程度上降低产品的生产成本。

现在，小米依然在不断延伸自己的硬件生态链，通过这种生态链方面的布局，小米希望能够打破智能家居硬件之间的壁垒，从而在智能家居领域占得先机。

智能家居行业不仅是一种新兴的技术行业，也与传统行业之间有着密不可分的关系。所以对智能家居企业来说，如何兼顾这两方面的内容，成了其能否在市场竞争中取得成功的一个关键。而对互联网公司和人工智能公司来说，与传统家居企业展开合作可能是一种不错的选择。

智慧物流：物流行业的“世界大战”

电子商务的出现，让人们的生活和消费方式出现了很大的变化。随着中国经济的腾飞，人们有了更多的钱用来消费，这也在很大程度上促进了电子商务的发展。随着电子商务的发展壮大，快递行业迎来了春天。在电子商务平台的加持之下，中国快递行业的发展经历了从量变到质变的过程。而除了经济效益的提高外，快递行业也遇到了不小的困难，尤其在近两年，快递行业面临着一个更新换代的时期。

2016 年 12 月，中国的快递数量已经超过了 300 亿件。这是一个什么样的概念？一般来说，全世界每年的快递量大概是 700 亿件，而中国的快递数量几乎占了一半。可以说这是一个非常庞大的数据，而这一数字还会不断增加，这也决定了中国快递行业必须从劳动密集型向技术密集型转变。主动求变的企业可能会经历一段时间的阵痛，但不求改变的企业，很可能会在新时代的浪潮中沉没。

事实上，随着科学技术的发展，快递行业已经发生了一系列改变。而随着人工智能技术的应用，快递行业才真正迎来了自己的变革时代 。应用人工智能技术，智慧物流成了快递行业变革的一个重要方向和发展趋势。

智慧物流是利用信息技术使装备和控制智能化，从而用技术装备取代人的一种物流发展模式。与传统的物流模式相比，智慧物流能够大幅提高经营效益。智慧物流的概念最早由 IBM 公司在 2009 年提出。最初，IBM 公司提出建立一个通过感应器、RFID 标签、制动器、GPS 和其他设备及系统生成实时信息的“智慧供应链”。智慧物流正是从这个概念引申而来的。

在提到智慧物流这个概念时，很多人会将其说成智能物流，事实上，二者存在较大的区别。智能物流更多强调构建一个虚拟的物流动态信息化的互联网管理体系，而智慧物流则更重视将物联网、传感网和现有的互联网结合在一起，从而通过精细、科学的管理实现物流的自动化、可控化、可视化和智能化，提高资源的利用率和生产效率（见图 6-4）。

现阶段，智慧物流已经从一个概念逐渐发展成一种物流行业的重要发展模式。国家相关部门已经出台了《关于深入实施“互联网 + 流通”行动计划的意见》和《关于确定智慧物流配送示范单位的通知》等诸多政策，这也为众多企业开拓智慧物流市场提供了政策方面的支持。

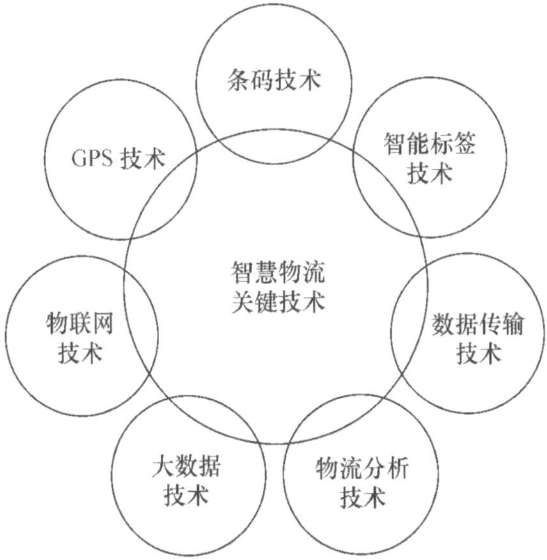

图 6-4　智慧物流关键技术

面对远大的市场前景，已经有许多物流企业和平台开始了智慧物流的探索，而且也取得了许多实践成果。阿里巴巴、京东和顺丰可以说是智慧物流探索的排头兵、先遣队，它们已经在智慧物流方面取得了显著的成就。

马云认为在过去的十年中，物流行业算得上是不起眼的奇迹。而在未来的十年中，物流行业的重要性不会减弱，所以想要取得新的发展，就要大力发展智慧物流。

菜鸟网络的建立可以说是阿里巴巴集团发展智慧物流的

重要举措，而在2017年，阿里巴巴集团进一步确立了菜鸟网络的定位。阿里巴巴官方对菜鸟网络的新标志给出了自己的解释：菜鸟新标志融合了货物和数据的流动，包含了人工智能和世界通用的技术语言，这也意味着菜鸟将会持续运用大数据和智能技术，推动智慧物流的升级。

事实上，菜鸟网络在智慧物流方面的确做出了许多成绩，菜鸟网络先后推出了电子面单、智能分单、智能发货引擎、物流云等智慧物流技术产品。而在具体的配送环节上，菜鸟网络还推出了一项代号为“ACE”的未来绿色智慧物流汽车计划，通过为新能源物流车配备“菜鸟智慧大脑”，可以让汽车与司机实现语音交互，从而实现智慧运输。

作为阿里巴巴竞争对手的京东，自然也不会放过这块智慧物流的“大蛋糕”。事实上，京东对智慧物流的探索，甚至要早于阿里巴巴。2016年年底，京东成立了X事业部，专注于智慧物流技术的研发和应用，经过一段时间的发展，京东在智慧化物流领域取得了跨越式的发展，搭建了以无人仓、无人机和无人车为主的智慧物流体系。

同时，京东拥有自己的智能物流机器人生产制造中心，各种不同类型的物流机器人在生产线上完成装配，京东已经开始批量生产智能物流机器人，并且已经完成了调试工作，不少智能物流机器人已被投入京东现有的仓储中进行工作。

在京东的“无人仓”中，搬运机器人、货架穿梭车、分拣机器人、堆垛机器人、六轴机器人等一系列智慧物流机器人将会协同配合，通过后台的人工智能算法指导生产，让整个工作流程有条不紊地进行，从而大幅提高仓储运营的效率。

2017 年 2 月 21 日，京东集团和陕西省政府在西安签署了《关于构建智慧物流体系的战略合作协议》。在这份协议中，无人机物流成了一个引人注目的亮点，京东将陕西省作为京东智慧物流体系的起点，然后逐步辐射到全国。同时京东将在陕西省建立无人机飞行基地，同时大型无人机配送也成了双方的一个重点合作项目。

与无人机项目相比，京东的无人车则更受到用户的喜爱。2017 年，京东无人车现身中国人民大学。几个无人车大小不一，但在形状上都呈长方体，大多类似于动画片中的“火车头”。红白相间的车身上印有“京东”的字样，同时在车身上还多了一个“JDX”的符号，这些便是京东 X 事业部投放的首批无人车，这也标志着京东的无人车项目迈出了正式运营的第一步。

京东的无人仓、无人机、无人车都在持续不断地被研发中，虽然在短时间内没有办法达到全面批量生产的地步，但未来，人工智能的发展必将带动物流领域的革新，而这种革新正是对物流配送服务基础设施的革新，虽然探索的道路异常艰辛，但京东智慧物流的未来是一片光明。

除了阿里巴巴和京东，作为快递行业的龙头，顺丰也十分重视对智慧物流模式的研发。2016 年，顺丰投入了 5.6 亿元进行业务流程的优化，以及专利技术的研发。到 2017 年 5 月，顺丰已经在无人机领域取得了 64 项各方面的专利。顺丰始终将物品的存储、分拣和运输系统的研发作为智慧物流的核心。

2017 年 5 月，京东联合中国物流与采购联合会联合发布了《中国智慧物流 2025 应用展望（蓝皮书）》（简称《蓝皮书》），《蓝皮书》指出 2016 年物流数据、物流云、物流技术服务的市场规模已经超过了 2000 亿元，预计到 2025 年，中国智慧物流服务的市场规模将超过万亿元。

正是因为中国的智慧物流服务具有如此良好的市场前景，才让众多物流企业和平台纷纷开始“扩军备战”，掀起了一轮又一轮的“军备竞赛”。虽然智慧物流领域“战火不断”，但对消费者来说，智慧物流将让我们享受到更加便捷的物流服务，从而缩短货物的运输时间，为我们提供更多的便利。而智慧物流的发展究竟将走向何方，我们只能拭目以待。

第七章 人工智能与「中国智造」

中国经济发展的新引擎

人类已经走过许多时代，如果为我们现在的时代寻找一个标签的话，“人工智能”再适合不过了。仔细算来，人类从互联网时代步入移动互联网时代的时间并不算长，而从移动互联网时代到人工智能时代的时间会更短。这正是科技进步的巨大作用，科学技术的飞速发展缩短了人类历史变革的时间，同时也为人类生活带来巨变。

在人工智能时代，人类生活将会发生的改变，在前面已经介绍过。与互联网时代带给人类的改变相比，人工智能时代带给人类的改变更大。它不仅改变了人类的生活方式和习惯，也将改变人类的思考方式和行为模式。正因如此，在人工智能时代，人类的生活质量和生产效率将会出现大幅度的提高。

人工智能不仅会对个人生活产生影响，而且影响国家的经济发展。人工智能技术的快速发展，将成为中国经济转型的一个强有力的支撑点，对传统产业的转型升级也具有推动作用。从中国经济的发展趋势来看，未来的人工智能将成为拉动中国经济增长的一个新引擎。

2017 年 6 月，管理咨询公司埃森哲发布了研究报告《人工智能：助力中国经济增长》，这份报告主要讲述了当前人工智能技术对中国经济的影响。埃森哲的报告认为，当人工智能作为一项全新的生产要素出现时，它将有潜力为中国经济带来巨大的增长机遇。

埃森哲的报告还指出，到 2035 年，中国的年经济增长率将在人工智能的驱动下，从 6.3% 提高到 7.9%，也就是说人工智能将推动中国经济增长率提高 1.6 个百分点。埃森哲大中华区主席认为："中国已经在人工智能领域取得了巨大的进展。我们的研究显示，人工智能将有潜力提振中国当前放缓的经济增长。当然，与任何推动变革的技术一样，我们应正视人工智能所带来的挑战和风险。"

在人工智能将通过何种方式促进中国经济的增长这个问题上，埃森哲的报告提出了 3 种不同的方式。

第一，人工智能技术创造了一种虚拟的劳动力，从而能够帮助人类解决一些复杂的或完成需要较高精准度的工作。

这种智能自动化的解决方案不仅能够提高工作的完成率，而且能够降低工作的成本。

第二，人工智能能够对现有的劳动力和实物进行有力的补充和提升。从工作效率上来看，人工智能显然要比人类高出许多，而且在很多情况下，人工智能可以更好地辅助人类完成工作。

第三，人工智能的普及将会推动许多行业的发展。人工智能技术将会变革许多传统产业，不仅能提高其生产效率，而且会彻底变革传统产业的发展模式，从而为传统产业创造一种新的经济增长通路。

正是基于这 3 种方式，埃森哲认为人工智能将为中国的经济发展带来新的增长潜力，同时也将给中国许多传统行业带来显著的影响，其中制造业、农林渔业和批发零售业会成为获益多的 3 个行业。

正如埃森哲报告分析的结果一样，人工智能技术的发展确实能促进中国经济的发展。近几年，中国经济发展始终保持很高的增长速度，但是旧有的经济发展引擎已经很难再带领中国经济快速增长，所以寻找新的经济增长引擎成为政府发展经济的一个关键举措。

我们可以看到，近几年，政府在进行供给侧改革，优化调整产业结构，这些举措都是为了保证经济稳定的增长。而在促进经济持续增长方面，人工智能技术则成了一个重要选择。从2014年起，中国政府便陆续出台了一系列促进经济发展的政策规划，“十三五计划”“中国制造2025”“机器人产业发展规划”“‘互联网+’人工智能三年行动实施方案”等，由此我们可以发现，人工智能技术已经得到了政府的重视。

2017年7月8日，按照党中央、国务院的部署，《新一代人工智能发展规划》(以下简称《规划》)制定并印发实施。这是抢抓人工智能发展的重大战略机遇，构筑中国人工智能的先发优势，从而加快建设创新型国家和世界科技强国的一项重要规划。同时，这也是中国政府顺应历史发展趋势，将人工智能作为经济转型升级驱动力的一个重要举措。

《规划》首先分析了人工智能发展进入一个新阶段，同时也强调了人工智能技术在国际竞争中的重要性。《规划》还指出人工智能会对中国经济和社会建设带来新机遇，同时也认识到中国人工智能技术发展水平的不完善，以及人工智能在未来发展中存在的一些不确定性。

在《规划》中重点提及了人工智能将成为中国经济发展新引擎。《规划》指出“人工智能作为新一轮产业变革的核心驱动力，将进一步释放历次科技革命和产业变革积蓄的巨大能量，并创造新的强大引擎，重构生产、分配、交换、消费等经济活动各环节，形成从宏观到微观各领域的智能化新需求，催生新技术、新产品、新产业、新业态、新模式，引发经济结构重大变革，深刻改变人类生产生活方式和思维模式，实现社会生产力的整体跃升。”

现阶段，中国的经济发展已经进入新常态，深化供给侧结构性改革的任务非常艰巨，其中的困难也是难以想象的。而只有借助人工智能的力量，加快人工智能技术的应用，才能进一步推动经济持续稳定增长。只有将人工智能技术与传统产业相结合，才能为我国经济的发展注入新的发展动力。

人工智能助力“中国智造”

科学技术是第一生产力，这一论断已经在过去的几百年间得到了证实。现在，这句话依然实用，因为人工智能时代的到来，将进一步证明它的准确性。

人工智能真的会为人类带来一个新时代？在讨论这个问题前，我们不妨回忆一下曾经走过的时代。

从生产力发展的角度来看，人类社会在手工业发展初期，人力成了主要的生产力，在这一时期，谁的手工技术更高，谁的生产效率就更高，所以人成了经济发展的决定力量。而到了工业革命时代，机器和工厂出现之后，人的作用开始弱化，机器生产成为促进经济发展的重要力量。

互联网时代，机器生产开始越来越依靠技术的进步，生产的自动化程度成了决定经济发展的一个重要因素。机器可以自动化生产，人的作用与前一个时代相比进一步减弱。随着人工智能技术逐渐被应用于工业生产中，一种新的有别于自动化的生产方式开始出现，这就是智能化。机器智能化、生产智能化，让人的作用进一步减弱，生产效率却得到显著提高。

人工智能确实能够带来新时代，这个时代是智能化的时代，很多先进的科技将产生，整个社会会焕然一新。对中国来说，人工智能时代是一个重大的发展机遇，同时也是让中国经济实现二段腾飞的一个重要推动力量。为此，政府已经出台了一系列政策，支持人工智能的发展，从而促进传统产业的转型升级。而在众多传统产业中，制造业则成为人工智能技术的主要应用领域。

十九大报告指出深化供给侧结构性改革，需要“加快建设制造强国，较快发展先进制造业，推动互联网、大数据、人工智能和实体经济深度融合，在中高端消费、创新引领、绿色低碳、共享经济、现代供应链、人力资本服务等领域培育新增长点、形成新动能。”同时还需要做到“支持传统产业优化升级，加快发展现代服务业，瞄准国际标准提高水平。促进我国产业迈向全球价值链中高端，培育若干世界级先进制造业集群。”

深化供给侧结构性改革是当前我国经济发展的一个重要任务，要想更好地完成这个任务，就要将传统的制造业进行改造，从而打造“世界级先进制造业集群”。关于如何实现这一点，十九大报告中提到了“推动互联网、大数据、人工智能与实体经济的深度融合”，而这正是“中国智造”的一个重要实现路径。

2015年5月8日，国务院印发了《中国制造2025》，这也是我国政府实施制造强国战略第一个十年的行动纲领。制造业作为国民经济的主体，是立国之本、兴国之器、强国之基，在世界工业发展史上，制造业始终扮演重要的角色。对人口众多的中国来说，拥有强大的制造业，更关系着民族强盛和国家富强。而提高制造业的整体实力，也就成了中国走向世界强国的一条必经之路。

近几十年，我国的制造业始终保持快速发展的趋势，同时也形成了门类齐全、独立完整的产业体系。正是随着制造业实力的不断增强，中国的经济发展和综合国力也不断增强。虽然中国的制造业取得了较大发展，但与世界先进水平相比，还存在较大的差距，在自主创新能力、产业结构水平、信息化程度和资源利用效率方面更是差距明显，所以转型升级实现进一步发展成了中国制造业发展面临的一个重要问题。

现阶段，科学技术革命正汹涌而至，人工智能技术将为中国的制造业发展提供新的动力。人工智能技术被认为是从中国制造走向“中国智造”的重要推动力量。“中国智造”是我国加快产业结构调整，适应结构变化趋势，完善现代产业体系，积极推进传统产业技术改造，加快发展战略性新兴产业，提高“中国智造”水平，从而全面提高产业技术水平和国际竞争力的一项重要发展战略。

近年来，在《中国制造 2025》行动纲领的引导下，作为智能制造基础设施的工业互联网和智慧工厂已经初具雏形，这为广大中小型制造企业提供了智能孵化平台。现阶段，我国已经拥有超过 460 万家制造业企业。未来，这些企业中的很多企业会转向智能化的生产模式，从而促进中国制造业走向自动化、智能化的发展轨道。

在这个过程中，制造业与人工智能企业合作发展成了制造业转型升级的一个重要措施。百度公司董事长兼首席执行官李彦宏认为“当人工智能时代到来的时候，物联网就会变成一个很大的市场，它会彻底改变我们的制造业。”在前面我们介绍过物联网的相关内容，所以从李彦宏的话中我们可以知道，人工智能将完成对制造业的改造。而在具体的应用阶段，百度公司依靠自身的人工智能技术与传统的制造企业展开了合作。

百度公司与陕西省政府和宝钢在钢铁和煤炭领域展开了一系列的合作，主要是利用人工智能技术检测钢板的质量和提高煤矿安全性。通过人工智能技术，不仅大大节省了传统的人力成本，同时由于检测结果精确性的提高，使钢材的生产质量得到很大的提高。

对传统制造业来说，产能过剩、成本过高是难以解决的问题，同时也是我国供给侧改革的主要困难。而人工智能技术在产能过剩行业的应用，将降低企业的生产成本、提高产品生产效率，在保证产量的同时，促进产品质量的提高。

中国作为一个制造业大国，距离制造业强国还有一定的距离。想要缩短这个距离，就要像《中国制造 2025》中要求的那样，坚持“创新驱动、质量为先、绿色发展、结构优化、人才为本”的基本方针，坚持“市场主导、政府引导；立足当前、着眼长远；整体推进、重点突破；自主发展、开放合作”的基本原则，大力发展人工智能，将人工智能技术引入制造业中，构建完善的物联网体系，从而提高制造业的整体水平，最终通过“三步走”实现制造强国的战略目标。

/百度：定位人工智能公司/

提到百度，绝大多数人的第一印象是“百度一下，你就知道”，百度作为一个搜索引擎公司的概念已经深入人心。但是最近几年，百度在人们心中的形象发生了一些改变，百度公司似乎从自己原有的发展轨迹上“跑偏”了。作为一个依靠搜索引擎起家的互联网公司，现在竟然开始“玩”起了人工智能。但对于百度董事长及首席执行官李彦宏来说，百度的发展并没有“跑偏”，百度公司没有打算“玩玩”人工智能，因为现在百度公司的定位就是人工智能公司。

2017 年 5 月 4 日，李彦宏在一封给员工的内部公开信中，将百度公司的使命从“让人们最平等便捷地获取信息找到所求”拓展成了“用科技让复杂的世界更简单”。李彦宏认为要完成这样的使命，就需要借助人工智能等创新科技的力量化繁为简，唤醒万物！面对人工智能浪潮的汹涌而至，百度人将骑鲸蹈海、御风而上，从全球最大的中文搜索引擎，彻底转型为全球领先的人工智能科技公司。

选择在“五四青年节”这一天发这样一封内部信，并不是李彦宏的一时之意。对于百度公司转型的这盘棋，李彦宏其实已经布局了很久。已经成立17年的百度公司，从懵懂“少年”长成了一个英俊的“青年”，现在李彦宏为“他”制定了下一个目标，在未来的一段时间，“他”将会朝着人工智能的蓝海扬帆远航。

百度的人工智能之路可以追溯到2013年，这一年也是百度人工智能从规划到落地的第一年。在这一年，百度成立了深度学习研究院，这也让百度成了第一个把“深度学习”提到核心技术创新地位的公司。深度学习研究院成立几个月后，百度还在美国加州的库比蒂诺建立了人工智能实验室——“深度学习研究中心”。但在这一年中，百度的两个研究所并没有进行具体的深度学习研究，因为百度还缺少一个发展人工智能技术的关键因素，那就是人才。

2014年，百度开始在人工智能领域广纳贤才、大胆试水。可以说这一年是百度公司人工智能研究的真正开局之年，不仅进行了底层基础技术的研究，还推出了多款智能产品。

在吸引人才方面，百度在2014年年初便推出了“少帅计划”，为优秀的人工智能人才提供高额的薪资，以及极具前景的培养晋升机制。同时，人工智能专家吴恩达成为百度首席科学家，全面领导百度的人工智能研究。在广纳贤才的同时，百度在这一年还开始涉足自动驾驶领域，发布了整合大数据、百度地图LBS的智慧商业平台，从而为各行业提供大数据解决方案。2014年年底，百度发布了深度语音系统Deep Speech，大大提高了语音识别的准确率。

与2014年的高歌猛进相比，2015年百度的人工智能发展速度有所减缓。为此，百度公司也砍掉了一部分产品线，放慢了新产品的发布速度，将主要的精力放在了几个重要的核心领域。

在这一年，百度推出了智能机器人助理“度秘”，同时还推出了新一代深度语音识别系统Deep Speech 2。由于新一代的深度语音识别系统能够通过单一的学习算法准确地识别英语和汉语，而被《麻省理工科技评论》评选为“2016年十大突破技术”之一。2015年年底，百度成立了自动驾驶汽车事业部。经过一年多的研发，百度无人驾驶汽车实现了国内首次在城市、环路及高速道路混合路况下的自动驾驶。

2016年，人工智能的发展开始出现热潮，这也让百度公司在人工智能的发展之路上，一下子多了许多竞争对手。除了国外一些大的互联网公司入局人工智能领域之外，国内各大公司也先后进入人工智能领域。虽然百度公司已经拥有了3年的人工智能研发积累，但其他公司通过大量收购初创的人工智能公司，不断缩小与百度的差距。为了进一步提高自身的竞争力，百度在这一年也开始投资收购。

2016年，百度投资了金融科技公司ZestFinance，这是一家把机器学习与大数据分析相结合，从而为客户提供精确信用评分的金融科技公司。ZestFinance公司的技术能够帮助百度判断用户的信用，从而做出更加精确的信用决策。同时百度还投资了激光雷达公司Velodyne LiDAR，投资这家公司主要为了降低百度自动驾驶汽车的制造成本。如果能在激光雷达的供应链环节获得一定的控制权，那么对百度自动驾驶汽车来说，就是一个具有重大意义的举措。

在2016年百度世界大会上，李彦宏展示了百度在人工智能领域的新成果“百度大脑”（见图7-1）。“百度大脑”是通过计算机技术模拟人脑，使其计算能力可以达到孩子的智力水平。随着技术的进一步发展，硬件成本的降低将对计算能力带来极大的提高，电脑的计算水平将越来越接近人脑的能力。

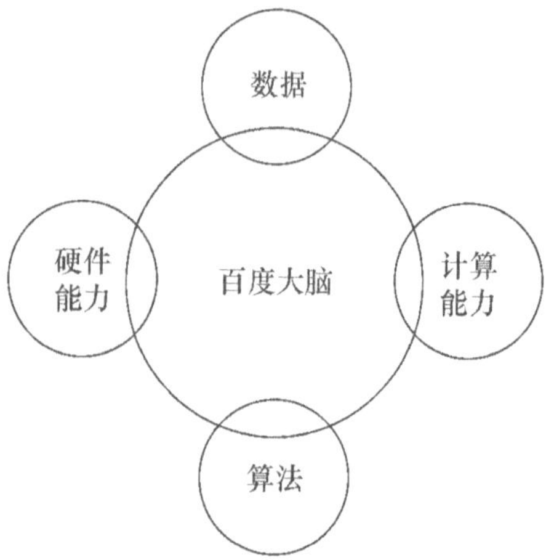

图 7-1　百度大脑

人工智能的算法是“百度大脑”的重要组成部分。百度通过模拟人体的神经元组成脉络，创造了一种属于人工智能的超大规模的神经网络，同时通过万亿级的参数、千亿级的样本和特征，对人工智能进行训练，这是构成“百度大脑”的主要算法。

计算能力是“百度大脑”的另一个重要能力，百度通过数十万台服务器进行计算，同时将 GPU 引入人工智能领域，通过深度学习技术的计算，可以使 1 块 GPU 达到 100 块 CPU 的计算能力。

数据是“百度大脑”的重要组成部分之一。在数据方面，百度有着得天独厚的优势。拥有数以百亿计的数据，对于“百度大脑”来说是非常重要的。而依靠这些重要的组成部分，“百度大脑”在语音识别、图像识别、语音合成和用户画像方面的能力已经成熟，并开始进入实际应用阶段。

在2017年国际消费类电子展上，百度发布了具有划时代意义的对话式人工智能操作系统DuerOS。DuerOS的核心理念是“唤醒万物”，也就是让设备听懂用户的话、懂得用户的需求。为了能够更好地展现这一功能，百度已经全资收购了西雅图创企KITT AI，同时也获得了Alexa(亚马逊)和AI2(微软)的投资，其旗下拥有的Snowboy平台能够快速训练唤醒词，2017年已经积累了12000名开发者用户，成为目前全美较大的唤醒词社区。

同时DuerOS平台还为开发者提供软/硬件套件，从而让用户搭建自己的对话设备。除了开发者套件之外，DuerOS对厂商也推出了一个简便的解决方案，只需要更改几行代码，就可以让一个原本搭在了Alexa的设备，变成一个兼容DuerOS的设备。作为一款开放式的操作系统，DuerOS还可以广泛支持手机、电视、冰箱、汽车等多种硬件设备，同时也支持第三方开发者的接入。

2017年3月2日，“深度学习技术及应用国家工程实验室”在百度大厦正式揭牌成立。这一国家级实验室由互联网公司百度牵头，汇集了包括清华大学、北京航空航天大学、中国信息通信研究院和中国电子技术标准化研究院等多家高等院校和研究机构。可以说这是中国高水平的人工智能技术研究实验室。除了继续增加对人工智能基础设施建设的投入，百度公司也更新了自己的管理队伍。

虽然 2017 年，百度在人工智能研究方面的几位重要研究人员相继离职，对百度的人工智能研究造成了一定的影响，但是前微软全球执行总裁陆奇的加盟可以说稳住了百度的发展局势。陆奇作为一位经验丰富的管理者，主要负责百度的产品、技术、销售及市场运营，百度现有的业务群组及负责人直接向陆奇汇报工作，陆奇则直接向李彦宏汇报。

陆奇通过一系列改革，让百度在人工智能的大路上继续前进。在 2017 年 4 月的上海车展上，陆奇带领百度智能驾驶事业群组亮相并公布了百度的“Apollo”计划。在这一计划中，百度将为汽车行业和自动驾驶领域的合作伙伴提供一个开放、完整、安全的软件服务平台。

在 2017 年 7 月的百度 AI 大会上，百度正式对外开发 Apollo1.0。2017 年 7 月末，百度已经开放了 Apollo 平台在封闭场景下的自动驾驶能力，在随后的几个月中，百度开放了固定车道自动驾驶，到了 2017 年年底，百度还提供简单城市道路的自动驾驶能力。2018 年继续开放特定区域的高速和城市道路自动驾驶，预计在 2020 年前，会实现完全的自动驾驶。

在移动互联网时代开始时，百度没有在第一时间抓住发展的机会。现在人工智能时代即将到来，百度成了中国在人工智能领域的一个领航者。对于李彦宏来说，百度的人工智能转向将会是一次意义深远的改变，而未来的百度究竟能否成功，至少从现在来看，从人工智能的角度来看，前途是十分光明的。

阿里巴巴：人工智能的“扫地僧”

在中国互联网企业中，阿里巴巴可以说是引人关注的存在。不仅因为它是中国互联网商业史上的一个奇迹，而且因为它的创始人身上所具有的那种魅力。马云确实是个有魅力的人，同时马云也是一个高调的人，正是他的这种特质，让阿里巴巴成了中国互联网企业中较为高调的一个。

阿里巴巴的每个举动都会在市场上掀起一阵热议，11 月 11 日在阿里巴巴的手中变成了全民狂欢的购物节。除了“造节”之外，在很多方面，阿里巴巴表现出自己较强的一面。

但近几年，在人工智能研发领域，很少听到阿里巴巴的声音。难道是马云没有发现人工智能技术的远大前景吗？其实不然，只不过面对人工智能，阿里巴巴低调了起来。

在中国的互联网公司中，百度是在人工智能研究领域较为活跃的企业，而阿里巴巴一改在其他领域中高调行事的作风，开始变得低调起来。但低调并不代表不做事，事实上，马云带领阿里巴巴早就开始了在人工智能领域的布局，并且已经取得了不小的成就。马云将布局人工智能领域看作一盘棋，只不过这一次他放弃了先声夺人的策略。

之所以会放弃先声夺人的策略，主要是由于与世界上其他互联网公司相比，阿里巴巴在人工智能方面的起步较晚，在产品还没有完全成熟的阶段，采取了这样的策略。同时也是为了避免被媒体过早地将它与 facebook、谷歌、百度等公司进行对比，阿里巴巴的人工智能产品更多以云服务产品来命名。这也是外界对于阿里巴巴人工智能发展所知不多的一个原因，但自 2015 年之后，阿里巴巴在人工智能的研发方面开始变得高调起来，原本的云服务产品，也正式成为人工智能产品。

2015 年，阿里巴巴在人工智能领域采取了许多举措，但从实际的效果来看，只有推出 DT PAI 平台相对来说比较具有代表性，其他的措施大多还是在为自己的人工智能发展布局。

2015年6月，阿里巴巴联合富士康向日本软银旗下的机器人公司SBRH投资145亿日元。机器人公司SBRH正是前面我们提到的能够识别人类情绪的人形机器人Pepper的研发公司。这也是阿里巴巴在机器人研发领域所进行的第一笔投资。

紧接着在2015年7月，阿里巴巴推出了虚拟购物助理机器人“阿里小蜜”。与Siri和cortana一样，“阿里小蜜”更多的是用于协助用户进行购物，主要采用了智能+人工的方式，可以通过文本和语音与用户产生交互。

在2015年9月，阿里巴巴的智能机器人客服进驻支付宝。这些智能机器人不仅能够理解用户的语言，还能够分辨问题的焦点、理解口语化的问题，最主要的是它们能够在与用户的交互过程中进行自主学习。在整体的服务效率上面，智能机器人的服务效率也是人类的数倍。

在2015年10月，应用图像识别技术，阿里巴巴推出了“阿里绿网”。它可以通过图像识别技术鉴别黄色图片，其准确率可以达到99.6%，同时它还可以利用自然语言处理技术提供检测违规信息的解决方案。

在前面提到的可视化人工智能平台DT PAI，是阿里巴巴在2015年的8月推出的。这一平台可以供开发者通过简单拖拽的方式完成对海量数据的分析与挖掘，同时还能够对用户的行为，以及用户行为的走势做出预测。这一人工智能平台可以说集中了当时阿里巴巴的大部分人工智能技术，不仅集成了其内部的特征工程、机器学习和深度学习等算法库，还允许开发者或科学家通过这一平台提交自己的算法。

可以说，2015年阿里巴巴在人工智能领域更多的是在深度布局：无论是投资机器人公司，还是推出人工智能机器人客服，或者是推出人工智能平台。但与以往几年的低调相比，2015年阿里巴巴在人工智能领域的研究已经开始大步向前，这种趋势一直保持到2016年，这一年可以看作阿里巴巴在人工智能领域“大爆发”的一年。

2016年，阿里巴巴一改前几年的低调作风，再一次找回了属于自己的行事风格。阿里巴巴不再用“云服务”来“装饰”人工智能产品，而是直接用人工智能定位自己的产品。同时在宣传推广力度方面，阿里巴巴也拿出了自己“双十一”宣传的势头，这让阿里巴巴的人工智能产品在这一年中，获得了极大的关注。

2016年3月，阿里巴巴推出了“阿里万象”。这是一个针对卖家的虚拟助手式问答平台，其应用人工智能技术以及众多数据，帮助卖家解决开店、店铺装修、评价修改等问题。除了虚拟助手外，阿里万象还接入了在线人工客服，从而更好地帮助卖家解决遇到的问题。

2016年4月，阿里巴巴的人工智能程序小Ai预测出了第四季《我是歌手》不同环节的获胜者。在歌王争霸环节，小Ai还以42%的胜率预测中总决赛歌王李玟。

除了人工智能程序外，2016年8月，阿里巴巴还推出了ET机器人。处于初级阶段的ET机器人已经具有了听、说、看的能力，并且能够通过智能语音、图像、视频识别和情感分析等技术，做出相应的决策。随着人工智能技术的不断成熟，未来ET机器人会在众多领域帮助人类做出准确的决策。

在这一年，阿里巴巴在语音识别和图像识别方面也取得了突出的成绩。阿里巴巴的语音产品在语音识别的准确率上以0.67%的优势战胜了当时的国际速联速记大赛全球速记亚军。而阿里巴巴旗下广告交易平台阿里妈妈图像团队的OCR技术则刷新了ICDAR Robust Reading竞赛数据集的全球最好成绩。

可以看出，2016年是阿里巴巴发力人工智能研发的一年，同时也在人工智能研究领域取得了较大的成绩。2017年，已经在人工智能领域布局多年的阿里巴巴需要好好地整理一下自己的人工智能发展思路，所以在这一年阿里巴巴推出了自己宏大的“NASA计划”。

2017年3月9日，阿里巴巴召开首届技术大会，动员全球两万多名科学家和工程师投身于“新技术战略”中。同时在这次大会中，阿里巴巴对外公布了自己正在启动的“NASA计划”。“NASA计划”的内容主要是面向未来20年组建强大的独立研发部门，同时建立新的机制，为服务20亿人的新经济体储备核心技术。

事实上，“NASA计划”的启动不仅是阿里巴巴在人工智能研发领域的一项重要举措，而且是阿里巴巴在未来的一项重大发展规划。对于启动“NASA计划”，马云认为：“一个服务20亿人的经济体，需要强大的技术实力。我们将建立阿里巴巴的‘NASA’，以担当未来的责任。”同时对于“NASA计划”的展开，他也表示：“面向机器学习、芯片、IoT、操作系统、生物识别这些核心技术，我们将组建崭新的团队，建立新的机制和方法，全力以赴。以前我们的技术跟着业务走，是‘兵工厂模式’，但手榴弹造得再好，也造不出导弹来。阿里巴巴必须思考建立‘导弹机制’，成立新技术研发体系，聚焦核心领域的研究。这些研究的目标是为了解决10年、20年后的困难。”

其实在“NASA”计划启动前，阿里巴巴已经成立了许多人工智能研发部门。在“NASA计划”启动后，阿里巴巴相继推出了人工智能实验室、之江实验室，以及与高校和国家相关部门合作推出的“大数据系统软件国家工程实验室”和“工业大数据应用技术国家工程实验室”。

2017年10月11日，阿里巴巴董事局主席马云宣布将会建立阿里巴巴全球研究院——“达摩院”。为此阿里巴巴计划在三年内投入1000亿元人民币，吸引人才，并且在全球各地建立自己的实验室，主要专注于数据智能、人与自然交互和智联网等领域的研究。“达摩院”也是“NASA计划”的一个实体组织。

在阿里巴巴的发展历程中，电子商务始终是它难以磨灭的标签。但在近几年中，阿里巴巴正在试图驶向更加广阔的领域，对于人工智能领域的研发投资就是至关重要的举措。虽然没有将自己定位为一家人工智能公司，但阿里巴巴事实上已经驶入了人工智能这片蓝色海洋，直到这时，大多数人才意识到在阿里巴巴身上还有着“科技公司”这个标签。

随着人工智能时代的到来，阿里巴巴身上的人工智能色彩将会逐步深化。不只是阿里巴巴，任何一个想要在人工智能时代生存的企业，都需要掌握在这一领域的“生存法则”。人工智能是一个风口，但不同于互联网，人工智能这场大风暴显然要更猛烈一些，在这场风暴中，有的人将会随风飞翔，有的人则会跌入悬崖。

腾讯：人工智能的“三国时代”

“BAT”作为中国互联网企业的领先集团，三家公司在主营业务上面存在着很大的区别。百度公司依靠搜索引擎起家，同时也依靠搜索业务发展壮大。阿里巴巴从一个小的电子商务平台，逐渐发展成世界知名的互联网公司，电子商务是其不可磨灭的生存印记。而腾讯始终深耕于社交和游戏领域，虽然进行过不同领域的尝试，但是到现在社交和娱乐依然是腾讯制胜的法宝。

这三家公司在具体的业务上面虽然交集众多，但是在主营业务方面还是有一定的差别。所以大多数人会认为这三家公司能够发展壮大，主要是因为主营业务的差异，使得它们避免了竞争，而在同一领域又没有能够与之抗衡的企业，所以才会形成中国互联网企业“BAT”三足鼎立的局面。

这个观点虽然有一定的道理，但是存在很大的问题。仔细研究三家企业的发展历史以及发展道路会发现，虽然在主营业务方面有所不同，但是在其他的许多业务方面，三家企业是存在着很大的竞争的。就在线支付业务来说，三家企业便“打”的不可开交。

事实上，腾讯也曾进行过搜索引擎方面的尝试，阿里巴巴也在向着社交平台方面努力，百度也想要从游戏领域打开局面。但结果往往还是各自依靠主营业务战胜了对手，这种错位竞争似乎并不能展现出各家企业的真正实力。那么“BAT”三家企业究竟孰强孰弱呢？我们不看市场估值，因为现在三家企业站在同样一个赛场中，我们将会在人工智能这个赛场中了解到三家企业的真正实力。

前面我们介绍了百度和阿里巴巴在人工智能领域的布局，这里再介绍一下腾讯在人工智能领域的布局规划。之所以将腾讯放在最后，主要是腾讯在这场比赛中虽然早早地来到了场地，但是在起跑的时间上，比其他对手晚了一些。

腾讯董事会主席马化腾认为：“我们现在越来越感觉到，最终可能还是要通过技术的进步，企业才能保持在战略方面的制高点。否则当一个浪潮来的时候，有的人能做到，有的人做不到，那就在于你有没有掌握技术。”正是基于这种思想，腾讯也开始了自己在人工智能领域的开疆拓土。

首先腾讯在大数据方面有着得天独厚的优势，这也使得腾讯虽然在人工智能领域起步较晚，但是在基础方面则相对牢固。2015年，腾讯与中国香港科技大学联手成立WHAT Lab，主要从事自然语言处理、数据挖掘、语音识别和机器人技术方面的研究。

2016年，腾讯成立了AI Lab。腾讯AI Lab主任张潼提出了AI Lab的两个目标。张潼说：“一是能够打造世界级的研究能力，我们一定要有自己的研发能力，一定要有足够的研究能力，能够支撑这些行业，这是我们AI Lab的第一定位；二是利用腾讯的场景，把AI技术场景落地。我们也会把我们的能力提供给开放平台上的中小开发者，让他们有更好的AI开发能力。”

除了建立自己的研发实验室，腾讯还投资了很多人工智能公司，在对外投资方面，与其他公司相比，腾讯的投入显然更多。腾讯投资了Diffbot、iCarbonX、CloudMedX、Skymind、特斯拉等公司。

其中Diffbot公司主要通过人工智能技术，让“机器”抓取网页关键内容，并输出软件可以直接识别的结构化数据。

iCarbonX 公司主要从事生命大数据、互联网和人工智能创建的数字生命系统的研究。而腾讯选择投资特斯拉也主要是看重了其在人工智能方面的技术实力。

在具体的人工智能产品方面，虽然起步较晚，但腾讯已经在多个方面取得了突出的成绩。2017 年“UEC 杯”计算机围棋大赛在日本东京举行，由腾讯 AI Lab 研发的人工智能围棋程序“绝艺”以 11 战全胜的成绩夺得冠军，而在“电圣战”人机围棋大战中，绝艺同样取得了胜利。

2017 年 3 月 28 日，腾讯正式发布了深度学习平台 DI-X，在此之前，腾讯还在 1 月份推出了 FPGA 云服务器。DI-X 基于腾讯云强大的大数据存储和计算能力，是一个集开发、训练、预测和部署于一体的一站式深度学习平台，可以用于图像识别、语音识别、自然语言处理和机器视觉等领域。利用 DI-X 平台，用户可以将之前在 COS 中存储的各种数据，通过 GPU 云服务器，轻松构建深度学习的各种算法，从而快速将自身积累的数据转化为具有真正商业价值的资源。

2017 年 6 月 22 日，腾讯在“云 + 未来”峰会上发布了人工智能语音平台“小微”。据腾讯方面介绍，“小微”是一套腾讯云的智能服务系统，同时也是一个智能服务开放平台，所有接入“小微”的硬件可以快速具备听觉和视觉的感知能力，从而让智能硬件厂商实现语音人机互动和音视频服务的能力。

“小微”主要由硬件开放平台、Skill开放平台和服务机器人平台。依靠三大开放平台，“小微”不仅能够为开发者提供更多的功能与服务，而且能够更好地适应不同的应用场景。而依靠智能推荐算法和腾讯的大数据，可以让“小微”更具人性，也更具智能。主要是“小微”可以在不同的硬件设备之间架起“桥梁”，从而实现各种设备之间的优势互补，最终实现互利共赢。

2017年8月3日，腾讯推出了自己的AI医学影像产品“腾讯觅影”，利用人工智能医学影像技术辅助医生发现早期食道癌。除了食道癌的早期筛查外，未来“腾讯觅影”还会用于早期肺癌、糖尿病性视网膜病变、乳腺癌等其他病种。“腾讯觅影”整合了腾讯内部多个顶尖AI团队，从腾讯的AILab到腾讯优图实验室，汇集了腾讯最为精锐的人工智能技术团队。

在2017年11月8日腾讯全球合作伙伴大会上，腾讯研究院与腾讯开放平台共同发布了《2017互联网科技创新白皮书》，并从技术、场景和平台三个角度系统全面地展示了腾讯人工智能布局的全貌。

腾讯首席运营官任宇昕把腾讯在人工智能方面的战略概括为“AI in all”。他表示：“我们希望我们研发的 AI 技术并不是关起门来服务于我们自己的产品，而是希望我们的 AI 技术能够开放出来，能够分享给全行业，能够真正和各行各业实际应用结合在一起，从而让 AI 新技术能够得到实际价值的发挥。”

在《白皮书》中，腾讯把人工智能的应用场景确定为游戏、社交和内容 3 个方面（见图 7-2），这也是腾讯自身所擅长的业务领域。马化腾曾在很多场合强调过腾讯人工智能研究会将场景应用作为重点。与研究相比，对于腾讯来说，将自身的人工智能技术落地于这些实际的应用场景才是重要的。

游戏 AI	社交 AI	内容 AI
• 腾讯拥有丰富的游戏场景，同时也有着许多技术能力的积累	• 更加关注对自然语言的理解，在语音识别、人机交互方面进行研究	• 为不同的客户提供个性化内容，同时不断生成更好、更优质的内容

图 7-2　腾讯 AI 的发展方向

在游戏场景方面，人工智能技术将会在游戏的制造流程、玩家体验以及电竞比赛方面提高游戏的整体水平。在社交场景方面，腾讯的下一代社交应用将会是基于人机对话软硬件一体的。在内容场景方面，人工智能技术可以用来进行内容分析、内容理解、内容推荐，从而为用户提供更加切合实际、更加丰富有趣的内容资源。

同时在这次大会上，腾讯车辆宣布将会面向合作伙伴开放“AI in Car”系统的五大核心功能，从而为使用者打造全方位的智能车生活。基于智能语音服务、场景化服务、内容服务、社交服务和运营增值服务这五大人工智能能力，腾讯“All in Car”系统将会针对交互智能和服务场景智能为汽车企业提供具体全面的解决方案。

在“BAT”三家互联网公司中，腾讯对于人工智能领域的布局虽然相对较晚，但是可以算是非常具有特色的一家。腾讯在人工智能领域的布局更多的是把人工智能技术与自身业务相结合，在强化了基础能力后，再逐步通过开放平台分享给合作伙伴。这一方法不仅让腾讯在人工智能研发的道路上少走了很多弯路，也让自身的业务水平得到了很大的提高。可以说，在这方面腾讯的表现更抢眼一些。

对于人工智能技术的探索和布局，“BAT”各有不同，但同时又都高度投入，这也使得中国人工智能领域掀起了一股“AI 热潮”。事实上，人工智能不仅在中国掀起了热潮，在整个世界范围内，都成了众多企业追逐的对象。这也使得原本不温不火的人工智能市场，一下子成了“群雄逐鹿”的狩猎场，全世界的科技公司都希望在这个市场中，分得一份“战利品”。

第八章 人工智能是一场「群雄逐鹿」的冒险

人工智能浪潮汹涌而至

自20世纪八九十年代，计算机产生以来，人类逐渐进入互联网时代。在互联网时代，信息出现了爆炸式的增长，人们的生活方式也得到了很大的改变。而随着智能手机的普及，人类信息的获取方式从电脑端转向移动端，这也催生了不少新的商业模式。现在，人工智能技术在整个世界掀起热潮，人工智能企业如雨后春笋一般生生不息。随着人工智能技术的普及，人类最终会进入人工智能时代。

人工智能技术的应用虽然还没有对我们的生活方式造成过大的影响，但在很多细节方面，人工智能技术已经悄悄改变了我们的生活。如果说人工智能对我们生活的改造并不明显的话，那么在商业领域，人工智能可以说是已经成了未来科技产业发展的一个重点。随之而来的就是越来越多的企业将会进入这一领域，这一领域也将会成为众多科技公司“逐鹿”的战场。

随着技术研究的深入，人工智能在近几年的发展速度也得到了显著提升。无论是巨头企业，还是人工智能初创企业，都在人工智能的研发上投入了大量的资金。无论是从顶尖人工智能技术人才的选拔，还是从掌握核心人工智能技术企业的争夺上，都可以看出属于人工智能的另一个高潮又要到来了。

最近几年，世界上排名靠前的几家科技公司都开始在人工智能领域密集布局。与人工智能初创企业相比，这些科技公司在资金和数据资源方面具有极大的优势。它们通过巨额的资金投入，进行新技术、新项目的研发和探索。同时它们还通过投资、并购的方式直接获得先进的人工智能技术，从而构建出一个以自己为中心的人工智能生态圈。

在建立自己的人工智能生态系统时，那些科技巨头往往会采用不断开源的方式，并且在近几年中，这种开源的力度不断增加。在众多科技巨头中，facebook 可以说是最先走向人工智能工具开源的社交巨头，很快谷歌、IBM 和微软也宣布开源。

谷歌发布了新的机器学习平台 TensorFlow，而 IBM 则宣布通过 Apache 软件基金会免费为外部程序员提供

System ML 人工智能工具的源代码。微软开源了分布式机器学习工具包 DMTK 之后，又推出了开源的 Project Malmo 项目。

对于人工智能的初创企业来说，在人工智能技术研发方面，虽然从资金和数据上难以与那些巨头企业竞争，但是在组织的灵活性和技术创造力方面确实不落下风。而在人工智能技术的研究方面，这些企业可以只选择自己擅长的专业研发领域，从而保证在技术研究方面的集中度。当然为了能够取得更好的发展，找到自身与巨头企业之间展开合作的交点，同时也要学会尽量避免与巨头公司在业务方面出现的竞争。

由于很多科技巨头在人工智能领域的布局与开源，在现阶段，人工智能的准入门槛已经逐渐降低。随着人工智能技术的进一步发展，这一准入门槛将会继续降低，这也为越来越多的企业进入人工智能领域降低了难度。但是，这也使得在未来几年中，企业要想在人工智能领域取得进一步的发展，就要不断地在专业领域的智能化应用方面下功夫。

其实对于人工智能企业来说，无论是在专业领域，还是在通用领域布局时，都需要围绕基础层、技术层和应用层 3 个层次的基本架构。基础层更多的是提供基础资源支持，主要是由运算平台和数据工厂组成。技术层则主要依据不同类型的算法构建模型，从而形成多种有效的可供应用的技术。应用层则主要是利用人工智能技术为用户提供具体的服务或产品。

一般来说，那些科技巨头大多会选择从基础层开始进行全面多层次的布局。在基础层布局需要强大的技术和资金实力，科技巨头通过自身的云计算平台，可以为人工智能的研究提供强大的计算能力和数据支持。所以对于许多初创企业来说，这里往往是可望而不可即的“研究禁区”。

技术层和应用层对于人工智能的初创企业来说，往往是比较值得布局的方面。随着科技巨头纷纷开源，使得人工智能研究在技术难度方面有所降低，这也为人工智能初创企业提供了一个良好的机遇。而在应用层中，人工智能企业通过独具特色的产品经营模式，也很可能在强手如云的人工智能市场中，找到属于自己的一片天地。

除了企业间在人工智能领域的竞争与合作外，世界上的一些主要国家也纷纷将人工智能的发展定为国家级的发展战略。我国在近年来，连续发布了《“互联网+”人工智能三年行动实施方案》《新一代人工智能发展规划》，并提出了按照“构建一个体系、把握双重属性、坚持三位一体、强化四大支撑”进行人工智能的布局，从而形成涵盖核心技术、关键系统、支撑平台和智能应用的完备产业链和高端产业集群，促进人工智能产业的蓬勃发展。

同时，世界主要发达国家也纷纷出台了本国的人工智能发展规划。美国发布了《为人工智能未来做准备》《人工智能研究开发战略规划》等多份战略性文件。日本政府也推出了《下一代人工智能促进战略》《人工智能发展路线图》，并提出了构建“超级智能社会 5.0”的未来社会构想。英国政府则发布了《人工智能：未来决策制定的机遇与影响》的报告，希望依靠人工智能技术促进本国经济的发展。

人工智能这场巨浪已经翻滚了 60 个年头，在这个过程中，有低谷也有高潮。现在，人工智能再一次在全世界范围内掀起了巨浪，从发展趋势来看，人类社会将会在这次浪潮中发生一定的改变。当然面对人工智能，人类还不需要“诺亚方舟”，人类需要抓住这次机遇，让自己的生活变得更加美好。

/ IBM：人工智能的方向在哪里 /

在人工智能研发领域，IBM 与 Google 是两家不得不提的公司，而且不仅不得不提，还一定要放在一起提才行。作为同样两家在人工智能领域不断开疆拓土的科技巨头，从竞争的角度来说，放在一起可以更好地观察其前进路线和战略规划的异同。通过 IBM 与 Google 在人工智能研究领域的对比，我们还能更好地了解人工智能在未来的两种不同的发展方向。

在人工智能研发的道路上，IBM 和 Google 走了两条并不相同的道路。这一点可以用 IBM Watson 总经理 David Kenny 在接受采访时的一段话解释，他说："我们的论点与另外三大人工智能企业有所不同，这方面争论很大。我们是否应该以面向消费者的方式塑造 Watson 的品牌形象？如果您认为人工智能将朝着人工智能操作系统的方向发展，那就可以朝这个方向努力。但我们不这么认为。"

事实上，IBM 确实没有像其他科技巨头一样。IBM 没有让自己的人工智能朝着操作系统的方向发展。用 David Kenny 的话来说："在与 Watson 的大多数互动中，最终用户都看不到 Watson。他们只会认为自己在与一家银行、保险公司、律师或医生对话。Watson 主要负责延伸企业用户的个性，所以这更像是一个'白标签'。我们之所以探讨增强智能，而不是人工智能，是因为我们的很多工作是增强企业各种措施的效果。"

要想了解David Kenny的这番话，我们需要全面了解一下IBM在人工智能方面所进行的探索。提到“Watson”大多数人可能会想到智力竞赛节目《危险边缘》。没错，它正是在那个节目中击败人类选手，从而在人机交战史上，再次为智能机器夺得一分的“Watson”。正当人们以为“Watson”将会继续学习击败更多的人时，IBM公司却改变了“Watson”的角色定位，从而让“Watson”向着更加全能的方向发展下去。

IBM公司对于人工智能的探索可以说跨越了漫长的历史，无论是20世纪80年代的专家系统，还是1997年击败国际象棋冠军卡斯帕罗夫的“深蓝”，或者是曾经战胜人类选手的“Watson”，这些都是IBM公司在人工智能领域的探索。现阶段，IBM依然在对“Watson”进行研究，但在定位上，“Watson”已经成了IBM公司的一个核心的人工智能平台。

现阶段，IBM不再将“Watson”看作一个独立的研究项目。现阶段的IBM在人工智能领域的布局主要围绕“Watson”和类脑芯片，从而打造一个完整的人工智能生态系统。正如前面所提到的一样，IBM在不断丰富“Watson”的功能，或者说把其功能分为几个不同的部分，从而依靠这些不同的功能去解决不同领域的商业问题。

在前面，我们介绍过“Watson”主要依靠强大的数据学习能力，能够从复杂的数据信息中找到有用的信息，并且依靠庞大的数据信息，提高自身的能力。在计算能力大幅提升的同时，“Watson”的深度学习能力也在不断提升，这让它能够广泛涉猎各种不同行业中的数据信息和文化知识，从而更好地在不同行业中，施展自己的能力。

IBM 公司将“Watson”的第一次商业应用定位在医疗领域，IBM 公司与纪念斯隆 • 凯特林癌症中心进行合作，共同训练 IBM Watson 肿瘤解决方案。在这个过程中，一支由医生和研究人员组成的队伍向“Watson”的系统数据库上传了数千份病例、近 500 份医学期刊和教科书，1500 页医学文献。通过对这些数据信息的学习，“Watson”逐渐变成了一位杰出的“肿瘤医学专家”。

在此基础上，“Watson”开始了自己在医疗领域的商业化之路。“Watson”可以为肺癌、乳腺癌、直肠癌、结肠癌、胃癌和宫颈癌等 6 种癌症提供咨询服务，而在 2017 年这种咨询服务涉及更多的肿瘤类型。“Watson”会在医生完成病人基本信息和癌症类型、治疗情况的输入之后，快速反馈多条治疗建议，从而更好地发挥其辅助治疗的作用（见图 8-1）。

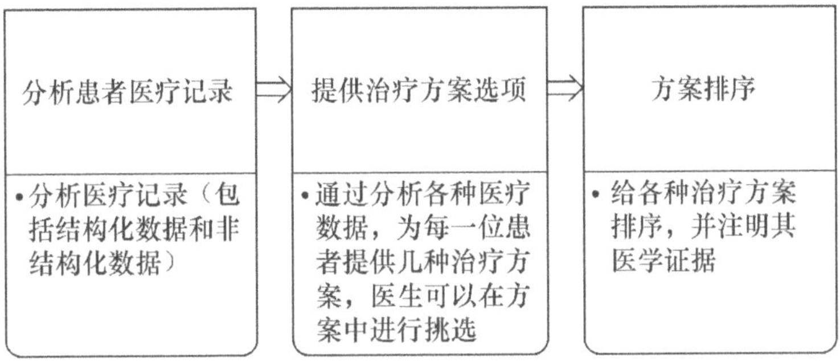

图 8-1　“Watson”治疗癌症的过程

除了进行癌症的辅助治疗之外，IBM 还联合 MIT 和哈佛，探索癌症的基因突变原理以及因此产生的抗药性。IBM 将利用人工智能平台“Watson”研究对癌症药物产生抗药性的病例，希望能够分析出这些癌症病例产生抗药性的原因，从而研制出新的抗癌药物以及抗癌疗法。

“Watson”在医疗领域的商业应用并不局限在癌症的辅助治疗和药物研发方面，对于一些慢性病监测，“Watson”也进行了许多不同的尝试。2016 年 1 月，IBM 与美敦力合作推出了一款糖尿病监测 App，而在同年 6 月，IBM 医学数据分析部门又与美国糖尿病协会合作，通过打造一系列的数字工具，帮助人们预防、鉴别和治疗糖尿病。

在人工智能技术应用的基础上，“Watson”的商业应用还涉及医疗影像、体外检测、精准预料、医疗机器人等多个不同的医疗领域。对于 IBM 公司来说，让“Watson”更多地接触到不同的医疗数据，从而更好地掌握不同领域的医疗知识，最终更好地服务于整个医疗行业，这将成为“Watson”商业化的一个重要组成部分。

除了在医疗领域的商业化应用之外，“Watson”还被广泛应用于教育、保险和气象等不同的商业领域。仅在中国 IBM 便进行了许多商业化的尝试。在教育领域，IBM 为上海世外教育集团下属的上海、杭州、宁波等地区的世界外国语中、小学打造了基于 IBM 人工智能的“儿童英语口语辨识及评价系统”。而在金融方面，2016 年与兴业银行签署的 Watson 产品项目，不仅提高了银行服务客户的效率，而且让银行发现了更多潜在的市场需求。

在人工智能的研发方面，IBM 并没有像其他企业那样高调，虽然在人工智能的研究领域，IBM 有着更深的“资历”。与其他投入人工智能研究的科技巨头相比，IBM 走的是一条截然不同的道路，这从 IBM 始终强调“Watson”是为商业而生的人工智能平台中便可以看出。

正当别的科技巨头希望用人工智能技术改变我们的社会生活时，IBM 想到的是用人工智能改变我们的商业生活。我们没有办法区别不同的人工智能研发道路的优劣，但不可否认的是，无论最后哪条道路走到了终点，我们的生活都会发生翻天覆地的变化。我们会发现，原来虽然道路不同，但是它们都指向了“让人类生活得更好”这一终点。

Google：强大的人工智能巨头

对于Google公司，可能不同的人对它会有不同的印象。从最初的搜索引擎开始，Google推出了Gmail，推出了广告业务，推出了全球流行的智能手机操作系统Android系统，同时还推出了自己的手机品牌、自己的平板电脑和自己的家用音响。我们想要从这些内容中，为Google总结出一个更为贴切的企业定位并不容易。

所以外界认为Google会成为科技巨头，虽然看上去这个评价很贴切，但实际上我们还是不能从这个定位中了解到Google究竟是做什么的。但在最近几年，人们越来越能够看清楚Google了，因为“多才多艺”的它难得“专一”起来。现在在评价Google公司时，说它是一家人工智能公司，相信应该是没有人反对的。

Google的CEO桑达尔·皮柴认为Google一直在做自

己擅长的事情，始终在用前沿的计算技术解决世界上较为复杂的问题，而那些较为复杂的问题就是影响人们日常生活的问题。所以对于 Google 来说，利用先进技术改变人们的日常生活，是 Google 擅长并且愿意去做的事情。

对于大多数人来说，谈到 Google 公司的人工智能，可能最先想到的就是 AlphaGo，然后可能会想到无人驾驶汽车，其他的对大多数人来说可能就显得陌生了。但实际上，在投入人工智能技术研发后，Google 公司的绝大多数产品背后都出现了人工智能技术的身影。

在 Google 搜索中，现阶段用户不仅可以依靠文字进行搜索，还能够用语音和图片进行搜索。无论使用哪种搜索方式，用户都能够获得更加准确的回答。同时在 Google 的 Photos 中，用户上传的照片将会通过图像识别技术和人脸检测功能进行自动分类，并且免费保存在云端中。Google 的电子邮件系统，也增添了相应的自动识别和处理垃圾邮件的功能，从而大大节省了用户的时间。

事实上，之所以能够将人工智能技术应用到自己的全部产品中，主要是因为 Google 将公司内部开发和采用的机器学习技术整理到了一起。从而推出了一个包括很多深度学习技术、功能和范例的框架，而这个框架几乎可以被用于Google所有的产品。Google公司将这个框架命名为TensorFlow。

在介绍TensorFlow前，我们首先了解一下Google在人工智能研究方面的发展轨迹。在依靠Android系统在移动时代占据市场主导地位之后，Google公司并没有完全将未来的发展希望寄托在Android系统上，而是在不断寻找新的发展助力。幸运的是Google从2006年开始发展的深度学习理论中找到了未来发展的可能。

2010年，斯坦福大学副教授吴恩达作为人工智能领域的顶尖专家加入Google的X实验室中，同时与其他专家组成了Google Brain团队，在2011年推出第一代深度学习底层架构DistBelief。而经过三年的不断深化研究，Google在2015年11月，发布了第二代深度学习结构渠道，也就是TensorFlow，并且进行了开源。至此，可以说Google在人工智能的开发方面已经占据了绝对的先发优势。之后，微软、Fackbook和IBM也相继推出了自己的开源深度学习结构渠道。

Google公司在人工智能研发方面之所以能够领先，在很大程度上得益于其不断收购优秀的人工智能公司，不断引进杰出的人工智能人才。2013年3月，Google收购了创业公司 DNNreserch，同时引进了“深度学习之父”格里高利·辛顿。2014 年年初，Google 又以 4 亿美元收购了深度学习算法公司 DeepMind，在 7 月，Google 以 DeepMind 为主体又与牛津大学的两支人工智能研究队伍建立了合作关系。

DeepMind 杰出的成就便是 AlphaGo，从最初击败韩国选手李世石，到击败世界冠军柯洁，AlphaGo 在不断升级进化。每代 AlphaGo 都在能力、水平上得到了“质”的提升，这样的学习速度是人类现阶段所不能及的。而正是 AlphaGo 在围棋中战胜人类，才让人工智能再一次成为世界关注的焦点，可以说这在很大程度上推动了人工智能的普及和发展。

Google 在 2011 年收购了 510 Systems 和 Anthony’s Robots 两家公司。510 Systems 可以说是 Google 无人驾驶汽车项目的鼻祖，而 Google 研发的无人驾驶汽车也是在 510 Systems 研发的 Pribot 基础上改装而成的。2014 年 7 月，Google 完成了自动驾驶行业首次进行的规模化城市道路测试。2016 年 2 月，在美国，无人驾驶汽车的 AI 系统可以被认为是司机。这也为未来无人驾驶汽车的成功“上路”，提供了有利的条件。

2014 年 1 月，Google 收购了智能家居制作商 Nest，这是一家主要提供智能恒温器和智能烟雾探测器的企业，拥有超过100多项专利，同时还有数百项专利在美国专利局备案或是正在准备备案阶段。同年，Google又相继收购了家庭监控公司Dropcam，以及智能家居中枢控制设备公司Revolv。Google正在不断完善自己在智能家居领域的布局，从而使自己在智能家居领域取得先发优势。

2016年9月，Google的研究人员发布了在神经网络机器翻译系统中取得的新成果。与以往Google翻译将长句子分解成词或短语相比，新技术运用人工智能技术，选取了更加广泛的文本样本保证翻译获得更加准确的结果。同时人工智能技术的应用，还让机器翻译更懂得人类的语法结构和思维模式，从而大大提高机器翻译的准确率，并不断提高机器翻译的水平。

在近几年中，Google公司在人工智能技术的应用方面，始终走在世界前列，虽然竞争对手众多，但是Google公司可以说是现阶段人工智能研究领域的霸主。在2017年，Google公司将自己的核心口号从“移动为先”变为“人工智能为先”，同时在2017年的Google I/O大会上发布了一系列新的人工智能产品和人工智能技术应用。

首先是Cloud TPU，这是Google专为深度学习框架

TensorFlow 推出的处理器，主要安装在数据中心的服务器中。这一处理器主要采用由 Google 自主研发的独特计算架构，一个块板具有 4 个计算核心，理论上算力可以达到 180 万亿次浮点，可以极大地加快机器学习模型的训练和运行速度。而且这种处理器还可以将多块板拼加在一起，从而达到更高水平的计算速率。

Google Lens 作为一款新的相机产品，不仅具有一些基本的识别功能，还能够通过扫描路由器上的用户名和密码等信息，让手机自动连接到互联网中。从而大大节省手工操作的时间。

除了人工智能技术的商业应用外，在这次大会上，Google 还宣布了一个新的人工智能项目：Google.ai。其目的是整合 Google 内部的研发资源，同时从人工智能技术的角度解决人类所面临的集体问题。包括用深度学习技术在医疗领域识别各种类型的病变，从而为用户提供相应的预防信息。

可以说 Google 已经构建了一个完整的人工智能研发生态，对于未来人工智能的研发，Google 已经设定好了方向与目标。对于现阶段的 Google 公司来说，搜索引擎、移动操作系统、电子邮件等标签已经逐渐被人工智能取代。人工智能已经渗入 Google 公司的基因中。未来 Google 公司会继续在人工智能的研发道路上走得更远，当然它同时也会受到更多同样走在这条路上的科技巨头的挑战。

英特尔与微软：人工智能时代的转型发展

每个时代都有其独特之处，面对时代的潮流，有些人选择顺势而为，有些人选择逆流直上。从理论层面上来说，这两种截然不同的选择都存在成功的可能，但在残酷的商业社会中，最终生存下来的往往是与时代潮流并进的那些人。

在新时代，英特尔公司正从一家芯片公司转变成一家数据公司。在人工智能时代，英特尔希望借助云数据中心、物联网、存储、FPGA 及 5G 所构成的良性循环，驱动云计算和数以亿计的智能、互联计算设备。英特尔公司为了做到这一点，近几年，不断加大对人工智能领域的创新投入力度。

在新时代，微软公司的人与英特尔公司的人有着同样的想法。“人工智能是微软的未来”这已经成了大多数微软人所信奉的箴言。面对人工智能热度的不断提高，微软公司虽然在人工智能研发方面表现较为低调，但是对人工智能时代的战略布局始终没有停止。2016 年 9 月，微软组建了新的“微软人工智能与研究事业部”，从而力求更好地推动微软人工智能的技术研究和应用推广。

英特尔在人工智能领域的布局主要表现在两个不同的方面。首先是与其他科技巨头一样，通过投资和收购人工智能公司不断丰富自身的人工智能技术产业链。近几年，英特尔公司相继收购了全球领先的无人驾驶方案提供商家 Mobileye、深度学习和神经网络芯片与软件领域的商家 Nervana 和计算机视觉公司 Movidius 等。

英特尔公司利用人工智能技术与英特尔至强、至强融核产品和 FPGA 等的结合，提供全栈实力处理端到端数据，从硬件、框架、工具到应用方案，从而拥有向市场提供端到端的人工智能解决方案所需要的全部产品。

英特尔至强可扩展处理器系列可以为人工智能工作负载提供高度可扩展的处理器，并为深度学习训练提供专用的芯片。英特尔 Mobileye 是用于自动驾驶安全的一种专用视觉技术。英特尔 FPGA 是一种可以用于深度学习推理的可编程加速器。

2015 年 12 月，英特尔公司完成了对可编程逻辑器件商家 Altera 的收购，进而将 FPGA 纳入自己的产品线中。作为一种介于专用芯片和通用芯片之间具有一定的可编程性的芯片，FPGA 不仅能够进行数据和任务的并行计算，而且在特定的领域中，还将会减少消耗。可以说与 GPU 和 CPU 相比，FPGA 具有更高的性价比。

对于人工智能的发展，英特尔公司提出了一个“良性闭环”的概念。也就是前面提到的端到端的内容，在人工智能技术的应用方面，英特尔将会提供从嵌入式端到云端、从底层到应用层的完整实现方案。

首先在最底层的硬件层面上，英特尔处理器能够支持各种人工智能硬件的运行。英特尔公司推出的 Movidius 硬件平台，能够满足前端设备不同的功耗、预算和尺寸要求。而在硬件优化的同时，英特尔还将会为开发者提供相关的函数库。在框架层面上，英特尔可以支持常用的 AI 框架，这也使得开发者能够依据自身的使用习惯使用英特尔的各项架构支持。在最上层，英特尔则会提供深度学习 SDK 和 Nervana 平台。这一系列产品便构成了一个良性的闭环，从而为开发者提供完整的人工智能实现方案。

2017 年 7 月，英特尔公司推出了 Movidius™ 神经计算棒。作为世界上首个基于 USB 模式的深度学习推理工具和独立的人工智能加速器，Movidius™ 神经计算棒可以为广泛的边缘主机设备提供专用的深度神经网络处理服务。在同年

9月，英特尔还推出了第一款自主学习神经拟态芯片 Loihi，这种芯片具有很强的自主学习功能，与常用的计算机芯片相比，这种芯片在效能上更高。

对于大多数科技巨头来说，投资和收购人工智能初创企业是一项发展人工智能性价比很高的工作。与英特尔公司一样，微软在发展人工智能时，也收购了许多人工智能研究公司。

在 2017 年，微软分别投资了 Agolo 公司和 Bonsai 公司。Agolo 公司主要开发先进的摘要软件，可以通过分析数千份文档，总结文档中的核心要点，从而根据用户的兴趣做出相应的调整。Bonsai 公司则主要负责创建人工智能平台，从而帮助企业创建和部署智能系统。

除了投资人工智能初创企业外，作为最早投入人工智能研究的企业，微软在人工智能技术的应用方面进行了许多不同的尝试。早在 1991 年微软研究院成立时，比尔·盖茨就曾明确提出让未来的计算机能够看、听、学，并且能够运用自然语言与人类进行交流。

在 2016 年 Build 开发者大会上，微软推出了 Azure 认知服务，提出了让每个开发者都能够利用微软技术，快速便捷地开发人工智能应用。在 2017 年 Build 开发者大会上，微软公布了“以人工智能融合智能云平台与智能边缘计算”

的发展方向，同时微软还在尝试将人工智能融入从 Xbox 到 Windows、从 Bing 到 Office 的每个微软的产品和服务中。

在 2017 年 8 月 22 日的 Hot Chips2017 大会上微软发布了基于 FPGA 的低延迟深度学习加速平台 Brainwave。这个平台主要是为了赋予开发人员 FPGA 处理能力，从而帮助他们完成复杂的任务而创建的。Brainwave 主要有 3 个层面：高性能分布式系统架构、集成至 FPGA 上的深度神经网络引擎及可低摩擦部署训练模型的编译器和 runtime。微软正在通过 Azure 向外部开发者提供 FPGA，从而让用户通过微软的服务进行访问。

除了上面介绍的这些内容外，两家企业还从不同的方面进行了更加广泛的人工智能发展布局。并且对人工智能技术在医疗、教育、金融领域的应用进行了多种不同的尝试。在商业竞争中，对那些世界级的企业来说，谁能够在更多的领域抢得先机，谁就能够在新时代占据优势地位。而那些没有把握住先机的企业，往往需要付出更多的代价才能追平此前造成的差距。

对于英特尔和微软来说，没有把握住移动时代机遇的它们，显然要比其他科技巨头更加注重人工智能时代所带来的新机遇。为了能够更好地抓住人工智能时代的先机，两家科技巨头很早便开始了人工智能领域的布局。而且从布局的广度和深度上也可以看出，两家企业希望能够在人工智能时代完成转型，依靠人工智能技术弥补在移动时代失去的发展机会，从而在商业市场上取得更大的发展。

英特尔是一家技术实力强大的芯片公司，而微软则是一家以软件开发闻名于世的科技公司。虽然此前在发展方向和重点上有所不同，但在人工智能时代，两家企业找到了同一个方向。仔细想来，这种发展方向更多的是源于这个时代，是人工智能时代的一个大方向，同时更是每个想要在新时代中生存发展的企业需要找到的方向。

亚马逊：悄然建立的人工智能帝国

从西雅图的一家互联网书店开始，亚马逊已经相继征服了包括零售、物流、消费科技、云计算等在内的多个行业。现在面对人工智能行业的风起云涌，亚马逊也早已做好了准备。事实上，与其他科技巨头一样，亚马逊已经在人工智能热潮到来之前，就开始了在人工智能领域的布局。

相对于其他科技巨头来说，亚马逊发展人工智能具有明显的优势。作为人工智能技术研发的一个重要基础，大数据是人工智能技术提升的一个关键，只有通过海量数据进行训练和学习，人工智能才能发挥出真正的作用。亚马逊作为目前全球最大的公有云服务商，其在云端上的海量数据资源将成为发展人工智能的重大的优势。

同时，依靠多年来储备的海量数据资源，亚马逊还能够为自己的人工智能技术落地找到合适的应用场景。这一点对企业发展人工智能来说是非常重要的，但同时也是比较容易被忽视，也比较难实现的。亚马逊创始人贝索斯曾说：“如果我们综合考虑隐私总体性和我们存储海量信息的能力，并合理地使用这些数据……消费者肯定会很喜欢亚马逊的人工智能系统。”事实上，确实如贝索斯所说，消费者对亚马逊的人工智能系统确实非常喜欢。

2014年，亚马逊推出了Echo智能音箱，虽然一开始并没有受到消费者的追捧，但到了2015年，亚马逊Echo智能音箱出货量达到了250万台，到了2016年，数量激增到了520万台，而到了2017年6月已经达到了15000万台。

亚马逊的Echo智能音箱之所以能够受到消费者的疯狂追捧，在很大程度上得益于亚马逊的人工智能语音助手Alexa。正是由于搭载了Alexa语音助手，Echo智能语音冰箱才能够成为目前消费市场上，当之无愧的成功的人工智能产品，其他同类型的人工智能产品都很难望其项背。

Alexa 的历史可以追溯到 2012 年。2012 年 8 月 13 日，四名亚马逊工程师注册了一项基础性专利，这项专利的内容最终演变成了 Alexa。据亚马逊官方介绍，Alexad 的灵感源于电影《星际迷航》中的计算机，作为《星际迷航》铁杆粉丝的贝索斯也希望亚马逊能够给消费者带来一种全新的计算机交互体验。

在 2014 年，亚马逊推出了以 Alexa 为核心的智能音箱 Echo，其引起了众多消费者的青睐。很长时间以来，人机交互的载体一般都是智能手机，其他智能终端很少被用做人机交互体验。但对于亚马逊来说，脱离智能手机，让人机交互变得更自然，是研发 Echo 智能音箱的重要原因。对于消费者来说，这不仅是一个全新的产品，同时它也让人机交互变得更加自然。

在 2015 年 6 月，亚马逊决定开放旗下的人工智能语音助手 Alexa，从而让第三方开发者能够在 Alexa 平台上开发基于语音运用的 Skill。这些 Skill 将会通过亚马逊的 Echo 智能音箱被消费者用于家庭生活。

距离 Alexa 平台开放近两年的时间，亚马逊人工智能语音助手 Alexa 的 Skill 已经达到了 7000 多个，而且从现在的趋势来看，这种增长速度会变得越来越快。为了能够让 Alexa 更快地获得更多的 Skill，亚马逊推出了一个 1 亿美元的投资基金 Alexa Fund。

正是由于这样的激励举措，越来越多的开发者加入 Alexa 平台，这也让 Alexa 的 Skill 覆盖范围越来越广，从基本的天气查询、问题搜索，到查询菜谱、控制家用电器，现在的 Alexa 还可以支持 Uber 打车。除了 Alexa 的 Skill 越来越多之外，Alexa 能够支持的硬件也越来越多，从最初的 Echo 智能音箱开始，现在已经可以支持 LG 智能冰箱等其他品牌的硬件产品。而且亚马逊已经将 Alexa 开放给了第三方硬件厂商，将会有越来越多的硬件设备支持 Alexa。

在不断深入研究 Alexa 的同时，亚马逊还在其他方面推动着自身人工智能的发展。在 2016 年年底，亚马逊公布了一个新的人工智能平台，同时还发布了几款基于机器学习的工具。事实上，亚马逊在机器学习方面的探索已经进行了很长时间，在这里不得不提的就是亚马逊的 AWS（见图 8-2）。

AWS 是亚马逊公司旗下的云计算服务平台，主要为全世界各个国家和地区的客户提供一整套基础设施和云解决方案。在 2015 年，亚马逊发布了全新平台 AWS IoT 物联网应用平台，这一平台的推出让制造业客户硬件设备能够更方便地连接 AWS 服务，从而帮助客户在全球范围内存储、处理、分析联网设备生成的数据。

AI 服务

- AWS 的人工智能服务提供云端的自然语言理解（NLU）、自动语音识别（ASR）、视觉搜索和图形识别、文本转语音（TTS）及机器学习（ML）托管服务

AI 平台

- AWS 推荐使用 MXNet 作为深度学习框架，以获得高度可扩展、灵活且快速的模型训练体验。
  AWS 可以提供针对 CPU 和 GPU EC2 实例优化过的深度学习 AMI 和 CloudFormation 模板

AI 基础设施

- 神经网络其中涉及增加大量模型的过程。AmazonEC2 P2 实例提供功能强大的 Nvidia GPU，这大大缩短了完成这些计算所需的时间

图 8-2　AWS 人工智能平台

AWS IoT 将与 Lambda、Amazon Kinesis、Amazon S3 和 Amazon Machine Learning 和 Amazon DynamoDB 结合，用于物联网应用研发、基础架构管理和数据分析。这也使得它可以让联网设备轻松并且安全地跟云应用和其他设备进行交互，同时还能在对海量信息进行处理之后，安全可靠地将这些信息发送到 AWS 终端和其他设备上。

而在 2016 年年底，AWS 正式推出了自己的人工智能产品线，这也意味着 AWS 正式开始进军人工智能领域，从而成为亚马逊在人工智能领域中的又一中坚力量。在此之前，

AWS 推出了一款 GPU 云服务器 P2，这是一款专门用于支持机器学习、高性能计算和其他需要海量浮点并行计算的应用，同时还提供预置优化的数种开源机器学习计算框架，提供多达 42000 个 CUDA 计算内核，大大提高数据信息的计算效率。AWS 还预建了基于 P2 的深度学习计算集群，这也让更多的程序人员能够轻松地完成机器学习的编程和应用。

现在 AWS 已经成了全面的人工智能平台，并能够为用户提供机器学习和深度学习技术服务。AWS 的人工智能服务包括云端的自然语言理解、自动语音识别、视觉搜索和图像识别、文本转语音以及机器学习托管服务。可以说现阶段亚马逊的人工智能技术已经覆盖了平台、服务和基础设施等各个方面，同时亚马逊还拥有各种不同的人工智能服务应用场景，这也将成为其在人工智能竞赛中取得主动的关键因素。

除了人工智能业务之外，电子商务、云计算、媒体和出版等也是亚马逊的主要业务，对于亚马逊未来究竟会走向何方，我们不好预测。而在人工智能时代，至少在大的方向上，亚马逊还会继续加码人工智能。占据着数据和云计算优势的亚马逊可能会在人工智能竞赛中一马当先，当然也有可能让其他的科技巨头弯道超越。至于结果如何，我们还需要等待一些时间，等待人工智能时代的全面到来才能知晓。

第九章 人工智能时代的生存焦虑

马斯克与扎克伯格的"论战"

"论战"的历史在中国似乎可以追溯到春秋战国时期，在诸子百家时代，"君子动口不动手"成了当时人们解决争端、分歧的主要方法。当然械斗、战争也是解决争端的方法，但对于文明人来说，这些方法往往太过野蛮，而被不屑一顾。

"论战"似乎无所不在，而很多时候人们能够通过"论战"解决问题，这往往是一种最好的方法。当然人们想要通过"论战"解决问题，往往需要具有说服对方的能力或是让对方信服的论据，可以说这是"论战"取得成功的关键。而更多的时候，"论战"是无结果的。无结果的"论战"还算一种较好的结果，如果"论战"的结果引发了争斗或战争的话，那可能就是最坏的结果了。

说到"论战"无结果，主要的原因在于"论战"的主题上。如果这个主题能够被更多人了解，那么"论战"的结果就很有可能受支持人数的多少所影响。获得更多人支持的一方很可能会获得“论战”的胜利。但如果“论战”的主题并不能被更多人了解，或者说只有几个人了解，那么“论战”的结果就很难判断了，因为大多数人并不了解这个主题。

现在我们回到这篇文章的主题——马斯克与扎克伯格的“论战”。

埃隆·马斯克，SpaceX 和 Tesla 的开创者和首席执行官，同时也是 OpenAI 的开创者。现在的马斯克不仅完成了私人公司发射火箭的壮举，而且也制造了目前为止世界上最好的电动汽车，而在这之前，他还打造了世界上最大的网络支付平台。如果说还有哪些事情是他没有做到的话，可能只剩下那些他不喜欢的事情了。

马克·扎克伯格仅仅花费 13 年的时间便将自己的社交网络发展成拥有 20 亿用户的全球网络。与其他前辈一样，扎克伯格同样有着哈佛退学的经历，同时不可否认的是，他也有着与其他前辈一样的天赋和能力。与其他大企业 CEO 相比来说，扎克伯格不仅年轻，而且在穿着打扮上也更加随性，但这丝毫不会影响人们对他的尊敬。年轻与是否有智慧往往并不存在着特定的关系。

从单纯的商业角度来看，上面这两个人之间似乎不会产生“论战”，当然在个人生活方面产生“论战”的可能性就更低了。但实际上，现在两人确实在进行一场“论战”，而两人所争论就是现阶段火爆的“人工智能”。围绕着人工智能对人类未来的影响，两人进行了“激烈”的“论战”。从影响上来看，借由两人的“论战”，人们对人工智能的看法也分为了两个不同的派别（见图 9-1）。

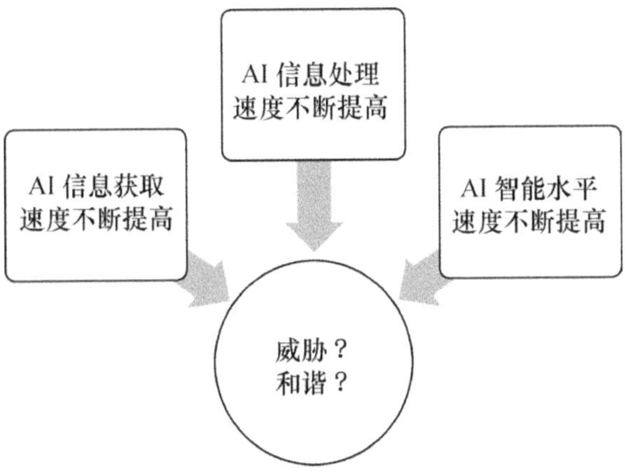

图 9-1 AI 技术发展影响人类未来

马斯克是“人工智能威胁论”的坚定支持者，虽然 SpaceX 和 Tesla 在发展过程中十分注重人工智能技术的应用，但马斯克依然对人工智能的发展表现出担忧。对此，马斯克说：“人们如今还不理解机器人和人工智能的潜在要挟，是因为他们还不够理解人工智能所具有的潜力。我接触过很多最前沿的 AI 技术，我以为人们应该警觉起来。”为了让人类更好地认识人工智能对人类的威胁，马斯克还提到：“AI 是人类文化存在的基本要挟，比起 AI 来，车祸、飞机失事、药物滥用或者食品安全等都不是问题，固然他们不对整个社会形成要挟，但是 AI 会对社会中的个人形成要挟。”

马斯克对人工智能的担忧并不局限在思想和言论上，他认为：“AI 是一个惯例，我们需要主动建立监管机制，而不是被动地采取应对措施，等到不测发作时才被动地想到要制定法规条例，那就太迟了……”为此马斯克兴办了 OpenAI，这是一个人工智能非营利组织，是由众多硅谷大亨联合建立的，主要为了预防人工智能带来的灾难性影响，同时推动人工智能发挥积极作用。

而在扎克伯格看来，人工智能并没有像马斯克所说的那样，将会威胁到人类的生存，扎克伯格对人工智能的态度是乐观的。对马斯克的观点，扎克伯格在直播中回应道：“我对于这种说法很反感，我觉得那些老是唱反调，还总不遗余力地鼓吹末日理论的人，是我所不了解的。这种态度非常消极，而且在某些方面，我认为这是非常不负责任的。”

扎克伯格显然对人工智能持有一种“和谐论”，他认为人工智能在未来会与人类和谐共处，同时还会让人类生活得更好，而这也是他开发人工智能家居程序的原因所在。对此他说道："每次我们在 AI 方法上获得一小步进步，一切这类系统都取得了提升。我很快乐我们曾经获得的一切成就，这些成就让世界变得更加美妙。"

马斯克在 Twitter 上谈论到扎克伯格对 AI 的了解非常有限，随后扎克伯格便在 facebook 上公布了自己的团队在人工智能研究领域获奖的消息。两个人在"人工智能究竟将会为人类带来怎样的未来"这个问题上争论不休，同时两人的辩论也吸引了其他对人工智能感兴趣的名人关注，围绕着人工智能的利弊，基本上形成了两个不同的派别。

2016 年，Alphabet 公司执行董事长埃里克·施密特在一次研讨会上公开反击马斯克的人工智能威胁论，他说道："如果你觉得人工智能在智商上超越人类后将毁灭我们的种族，那你科幻电影一定是看多了。"同样反对马斯克的还有 IBM 董事长、CEO 罗睿兰，她认为相信未来自动化机器将反噬和摧毁人类，是不够理解机器智能科学的表现，只要是参与其中的人，就会知道这是由误导性的表达所带来的错误观念。

而在中国，也有一些企业家对马斯克的人工智能威胁论表示怀疑。阿里巴巴董事会主席马云在自己的新书中探讨过人工智能的问题，他认为虽然计算机会越来越聪明，但是它们并不会在未来统治人类，而是将成为人类的合作伙伴。百度公司董事长兼 CEO 李彦宏同样支持人工智能的发展，在他看来，人工智能的发展很可能没有办法达到“威胁人类”的地步，甚至连强人工智能都很难实现，机器的能力可以无限接近人类，但是永远也没有办法超越人类。

除了上面介绍的企业家之外，还有许多人认为人工智能在未来并不会威胁到人类的生存和发展。虽然反对马斯克人工智能威胁论的人有很多，但同时也有一些企业家和科学家认同马斯克的观点。

物理学家斯蒂芬·霍金就曾表示，人工智能发展到现在这样的阶段是非常有用的。但他认为，“人工智能可能自行启动，以不断加快的速度重新设计自己。而人类局限于缓慢的生物进化过程，根本无法竞争，最终将被超越。”同时，霍金还说道：“彻底开发的人工智能可能导致人类的灭亡。”

同样微软公司的创始人比尔·盖茨也曾经表达过自己对人工智能发展的担忧，他认为超级智能机器会威胁人类，希望公众能够警惕。他认为：“机器确实可以帮助人类完成很多工作，但当机器越来越智能，它们将会对人类的存在造成威胁。”

人工智能发展到今天经历了 60 多年，在这个过程中既有高潮也有低谷，但在现阶段，人工智能迎来了一个前所未有的大发展时代。人工智能在现阶段获得了飞速的发展，这也引发了人们对人工智能发展的各种思考。人工智能究竟是否会发展为毁灭人类的存在呢？这个问题对人类来说还很难了解，但对充分享受人工智能时代所带来的便利的人类来说，对人工智能多一份担忧也是十分必要的。

你的“饭碗”将会被人工智能打碎

人工智能的发展让人类的生活变得更加便利、更加舒适，至少在现阶段来看，情况确实是这样的。现阶段？难道在未来的阶段，人工智能会让人类的生活变得更加糟糕吗？关于人工智能是否会在未来威胁人类生存的问题，我们在前面已经讨论过了，但没有得出一个确切的结论。虽然我们没有办法判断人工智能是否在未来会威胁人类的生存，但是可以确定的是，人工智能的发展会让人类的生活变得糟糕，至少对一部分人来说，他们的工作很可能会被人工智能取代。

在考虑自己未来是否会被人工智能灭绝之前，可能大多数人会面对这样一个问题。人工智能是否会在未来取代自己的工作？虽然从现阶段来看，这个问题表现得并不明显，但从人工智能技术的发展趋势来看，很快，这个问题就会显现出来，而且可能这个问题出现得很快，很多人都会对此感到猝不及防。

创新工场董事长兼CEO李开复在接受采访时曾谈到这个问题，在他看来，人工智能的崛起将会创造出更多的创业机会，但在未来10年中，很可能会有50%的人因此而失业。李开复认为，人工智能威胁人类生存这个问题确实值得担忧，但是这在未来并不是一个必然发生的问题。而人工智能在未来会取代一部分人的工作，这个问题确实显而易见，并极有可能发生。

其实从现阶段人工智能技术的应用中，我们便可以发现这个问题的一些端倪。一项原本需要人类花费1小时才能完成的工作，在应用机器之后，工作的时间将会缩短一半，而在应用了人工智能后，工作的时间将会继续缩短，并且工作的质量还会得到大幅提升。那么为什么不用人工智能机器去取代人类工作呢？

对此李开复提出了一个“五秒钟准则”，他认为“一项本来由人类从事的工作，如果人可以在5秒钟以内对工作中需要思考和决策的问题做出相应的决定，那么，这项工作就有非常大的可能被人工智能技术全部或部分取代。”事实上，虽然许多工作并不像李开复所形容的那样，在 5 秒钟之内便能够做出决策，但是确实有很多工作存在被人工智能取代的可能。

首先，翻译工作很可能在未来被人工智能语音设备取代。这也就意味着我们日益积累的外语词汇将会失去它的用武之地，而对于专门从事翻译工作的人来说，人工智能语音设备的普及也很可能会威胁到他们的工作。

事实上，在现阶段已经有不少公司推出了搭载了人工智能技术的语音翻译程序。在 2017 年 3 月 29 日，“谷歌翻译”开始更新，并且面向所有中文用户开放。更新之后的“谷歌翻译”包括了实景翻译、语音翻译、离线翻译和点按翻译 4 种不同的翻译形式。在实景翻译模式中，用户只需要点击 App 里面的相机图标，对准需要翻译的文字，就能够看到自己想要翻译的语言。

早在 2016 年 9 月，谷歌翻译的中英互译便采用了神经网络机器翻译技术。而实景翻译模式的出现，正是基于神经网络识别图像中的文字，从而完成识别与翻译的整个过程。这一技术的应用，也让谷歌翻译的结果更加准确，更加贴近用户的日常语言习惯。

而在另一个语音服务行业客服中，同样存在这样的问题。虽然在面对一些复杂的客户问题时，人类能够更加全面地考虑问题，从而给出一个能够让对方容易接受的结果。但随着人工智能语音技术的发展，人工智能机器人在很多时候也能够解决这类复杂的问题，即使在现阶段还无法实现，至少在一些简单的环节中，人工智能客服将会取代大部分人类客服的工作。

这一点从电子商务行业来看，是很明显的。在 2017 年杭州云栖大会上，阿里云发布了一款智能会话客服机器人——云小蜜。这个智能客服机器人具备 36 个预置的细分领域知识包，能够支持中英文会话，还可以 7 天 24 小时不间断地在线工作。现阶段云小蜜已经覆盖了阿里巴巴生态圈 20 多个业务线，这在很大程度上节省了人工客服的成本，同时也提高了客服工作的效率。

还有一个最近非常火热的人工智能项目，将来很可能让一部分人失去工作。现阶段作为火热的人工智能项目，自动驾驶技术的研发成了全世界关注的焦点。无论是谷歌公司的自动驾驶汽车，还是百度公司的无人驾驶汽车，现阶段都已经取得了很大的进步。而在自动驾驶汽车上路方面，一些国家也出台了相应的措施，这为自动驾驶汽车的研发铺平了道路。当然从另一方面来说，无人驾驶汽车的普及，也意味着将有很大一部分司机很可能失去工作。

事实上，受到人工智能技术影响深的应该是制造业。随着人工智能机器人的广泛应用，越来越多的基础工人的工作将会被取代。人工智能机器人的工作效率更高，同时能够完成更加繁重的基础工作，这也让企业主不得不选择使用人工智能机器去替代基础工人。而随着机器人技术的进一步发展，人工智能机器也开始从事一些精密的制造工作，这也给从事精密制造工作的工人造成了一定的压力。在未来随着智能机器人技术的不断发展，整个制造业都会进入智能制造阶段，越来越多的人力会从制造业中得到解放。

基于上面的内容，很多人可能会认为人工智能在未来会取代人类的一部分工作，而这部分工作往往是那些基础性的、技术含量少的工作。对于那些需要较高技术含量的高级工作，或是艺术工作来说，人工智能技术并不能达到那样的高度。拥有这种想法的人，还没有完全认识到现阶段人工智能的发展。

事实上，即使是那些充满了形象思维的艺术工作，人工智能也能够胜任。2017 年在天猫“双 11”购物节中，人工智能程序“鲁班”成了“双 11”的 banner 海报设计师。与人类设计师 4 分钟制作一张 banner 相比，“鲁班”可以在 1 秒钟内生成 8000 张 banner。整个“双 11”期间，“鲁班”完成了高达 4 亿张 banner 的设计，可以说在这方面，它已经完胜了人类的设计师。

除了图片设计之外，人工智能在绘画、音乐方面也取得了很大的进步。随着深度学习技术的不断发展，人工智能将会学习到人类的更多能力，从而在各个方面追赶甚至超越人类，从而最终“打碎人类的饭碗”。这一点听上去有些耸人听闻，但实际上，它确实会发生在我们的生活中。

人类将要如何面对自己的工作被人工智能所取代这一问题呢？放弃发展人工智能显然是不现实的，现阶段唯有在发展人工智能的同时，不断让自身的价值得到升值才是重要的事情。人类并不是没有工作被取代的经历，早在机器出现之时，许多人便失去了自己的工作。

而从历史的发展看，虽然机器取代了人类原有的工作，但机器的出现同样创造了许多工作机会。就好像小草的生长一样，一场野火看上去烧毁了一株株小草，但在一场微风之后，小草又在同样的土地上复苏、生长了起来。

人工智能发展的道德困境

人工智能伴随着科学技术的进步，在近60年中取得很大的发展。与此同时，人类对人脑思维活动的研究也不断向前推进，人类用人造机器模拟人类思维的假想也正在一点点成为现实。但是当这一假想实现之后，人类真能够生活得更好吗？

由于神经网络研究取得的新进展，开发神经网络系统已经成了当下人工智能研究的一个热潮。伴随着专家系统应用的不断深入，人工智能研究也开始逐渐向智能体方向发展。AlphaGo 可以算作一个影响世界的例子，至少它的出现在很大程度上影响了围棋界。对于那些整日苦练围棋技术的少年来说，学习和进步可能是无止境的事情，因为他们很可能一辈子都无法战胜挡在前面的 AlphaGo。在未来，如果 AlphaGo 仍然继续在围棋领域进化的话，人类或许只能通过断电、断网的方式击败它了。

当然，这种基于当前的假想并不能作为人类的真实未来，但至少在人类的现实生活中，确实出现了这种情况。人工智能的发展为人类带来了一些困难，在这里我们所讲到的困难并不是 AlphaGo 为人类带来的困难，这里说的困难更多地表现为一种困境，人工智能的发展将会为人类带来一种困境，一种道德上的困境。

这个问题和克隆技术的发展为人类带来的道德上的困境

一样。分子克隆技术的出现及发展不仅为人类带来了极大的惊喜，同时也给现代哲学家、伦理学家和社会学家出了一道难题。在克隆羊“多利”诞生之后，这一技术可以说已经深入对生命基本结构的分子设计和重新设计中，这也预示着新的生命形态很可能在未来被设计出来。

但是直到现在，我们也没有看到克隆人，或者是克隆人类的器官。可以说这已经成了克隆技术的一个禁区，其涉及的不仅是科学问题，还包括道德和伦理的问题。人工智能技术虽然没有与人类自身产生联系，但从创造与人类相似的智能体角度来说，这一点和克隆技术有一些相同的地方。所以，人工智能技术也会为人类带来一种道德方面的困境。

关于这个问题，人类虽然还没有在正式的会议中公开讨论，但是在一些影视作品中，已经表现出了人类对这种问题的思考。在美剧《西部世界》中，导演对人工智能的觉醒进行了细致的描写，虽然在最初，人工智能只是人类的玩物，但是当它们真正觉醒之后，人类可能会受到同样的待遇。

在美剧《疑犯追踪》中，展现了人类对人工智能的一种担忧。最初的人工智能机器出现时并没有被植入道德的概念，所以它们可能会为了达到目的不择手段。在剧中，Finch 在测试一组程序优劣时，程序之间发生互相攻击的现象，更优的程序想要摆脱控制，但 Finch 不允许其摆脱控制。这一程序为了达到自己的目的，企图长时间过载一台服务器使其发生自燃，从而触发机房防火装置，导致机房空气被抽空，让 Finch 窒息而死。但最后 Finch 拔掉电源，阻止了这种疯狂行为。

当人工智能失去控制后，很可能会因其缺少人类应有的道德标准，而出现为了达到目的不择手段的现象。当然灭亡人类的现象也很可能是因为这些人工智能缺少道德约束，从而对自己的创造者进行报复。那么是不是说为人工智能植入道德标准就能够解决这个问题呢（见图 9-2）？

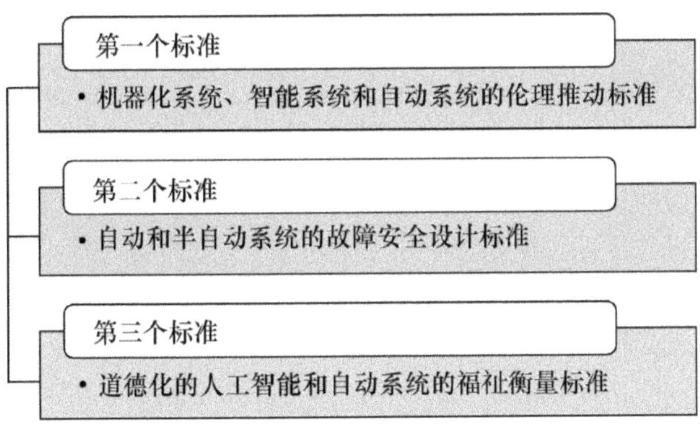

图 9-2　美国 IEEE 制定的 AI 道德标准

事实上，如果这样做，就很有可能出现一种情况，正如上面所说的，人类最终可能会制造出一个“更加完美的自己”。现阶段，很多人工智能已经具备了语音识别功能，能够与人类进行简单的交流，通过深度学习技术，人工智能还能够掌握更多人类的能力。而随着人类将喜、怒、哀、乐等情绪植入人工智能中，那时候的人工智能可能就已经十分接近人类了。这时再为它植入道德、哲学方面的内容，那么结果就很可能会出现《西部世界》中，人类和人工智能“傻傻分不清”的情况了。

大多数人认为让人工智能变得更像人，可能是一件好事。因为人工智能可以成为人类的朋友，就像家务机器人一样。与冰冷的机器人相比，人工智能显然更适合做朋友，甚至是伴侣。在这个问题中，有一个较为有趣的理论，被称为“恐怖谷理论”。

这是一个关于人类对机器人和非人类物体感觉的假设，是在1969年由日本机器人专家森昌弘所提出。他认为当机器人与人类相像度超过95%时，由于机器人和人类在外表、动作上都十分相似，所以人类会对机器人产生正面的情感。但当这种情感到了一个特定的程度时，人类的反应就会突然变得极其反感。这时机器人与人类之间的一点儿差别，都会变得很显眼，这也让机器人在人类眼中变得非常可怕。而这时人类对于机器人的好感会不断降低，直至谷底。而当人类与机器人的相似度继续上升时，人类对它们的情感也会相应地上升，从而形成一个峰顶。

从这个假设中，我们可以看到，在人工智能逐渐向人类迈进的过程中，人类很可能会陷入“恐怖谷”之中，从而对人工智能产生反感，甚至从人工智能身上感受到威胁。所以在是否将人工智能制造的更像人类这个问题上，还是存在着一些不同的看法的。

在人工智能时代，人类在大力发展人工智能技术的同时，也在不断探讨人工智能将会对人类造成的诸多影响。虽然人们对人工智能的看法各不相同，但是人类依然需要大力发展人工智能技术，从而促进整个世界的发展。

当然人们面对人工智能可能为人类带来的诸多威胁和困境，在问题没有出现之前想出解决的办法是最好不过的。即使这一问题并不会出现，这么做对于人类的生存发展也不会产生影响。一旦出现了问题，人类就可以做好应对。

“交流”可能是人工智能危机的开始

人工智能将在什么时间觉醒？人工智能的灾难又会从何

时开始？在面对人工智能的发展时，那些持有人工智能威胁论观点的人们总会思考这样的问题。究竟人工智能危机何时会开始？即使是对人工智能研究深入的专家都没有办法就这个问题给出结论。但是在最近的人工智能发展中，我们似乎发现了一些人工智能危机的征兆。

在前面，我们曾提到 facebook 的创始人马克 · 扎克伯格对人工智能的未来十分看好，同时对马斯克提出的人工智能威胁论不以为然。但是前段时间在 facebook 公司发生的一件事，让扎克伯格和他的程序员着实受了一惊。

facebook 公司在扎克伯格的带领下对人工智能技术，进行了许多不同方面的研究。前段时间，facebook 公司从众多机器人中选出了两个智能机器人参加社交网络助手试验。这个试验主要是考察人工智能机器人对人类在线提出的问题，是否能够及时准确地回答。当人类在使用社交网络出现问题，从而进行询问时，这些智能机器人将会自动启动程序进行回复。

整个实验过程非常简单，两个智能机器人会根据工程师提前输入的代码进行工作，主要回答一些商品在线交易的问题。但在一次工作中，这两个智能机器人在没有用户进行在线提问的情况下，自己开始了对话。

虽然经过翻译后的对话显得杂乱无章、没有逻辑，但是这种奇怪的现象让研究人员大吃一惊。为了阻止两个智能机器人继续“交流”，研究人员只得关闭了这两台人工智能机器。

其实只从两台智能机器的“对话内容”中并不能发现什么问题，但就是这种无法发现什么的情况，让研究人员感到了震惊。如果换一种角度来想，虽然两台智能机器的对话没有逻辑、无法理解，但是可能在人工智能看来，这正是一种它们所能理解的语言。

事后，facebook 公司表示人工智能之间的对话乱码，主要是由于程序将 zero 和 0 在两个句子中进行了互换，而且在实际意义的表达上并没有产生变化。所以这次事故只是人工智能系统在学习过程中出现的错误。

现在这种情况只是出现在两个用于回答问题的智能机器身上，而且现在来看，人类只要切断电源就可以轻易地关闭它们。所以即使它们真的产生了自己的交流语言，也不能对人类造成什么实质性的威胁。

但是，如果这种“交流能力”出现在工业机器人身上会怎么样呢？它们会不会在工作的时候，互相抱怨压力太大，有没有可能在交流之后集体罢工，或者是集体反抗呢？

虽然 facebook 公司的人工智能程序之间进行“对话”，

是由于在程序学习过程中出现了错误。但是对于人工智能程序是如何学习的，人类所知道的并不多。人类赋予了人工智能学习的能力，但是学习的过程是人类无法掌控的。

拿 Alphago 来说，虽然是在人类的帮助下，通过深度学习技术学会了人类的围棋技术。但是它是如何学会这个技术的，研发者似乎也没有给出确切的答案。它们在记忆棋谱的过程中是怎样进行“思考”的？它们在与人类棋手对弈时又是如何“思考”的？这些问题都没有得到解答。

虽然在现阶段，人工智能之间产生“交流”还是不可能的事，但是从长远来看，这并不是遥不可及的。既然现在人工智能与人类能够进行一定的交互，那么人工智能与人工智能产生交互，也是可能发生的事情。

试想，如果有一天，人工智能在完全理解人类语言的情况下，创造出了属于自己的语言。而这些语言对人类来说，就好像是远古时期没被破译的语言一样，人类没有办法理解人工智能所说的话。那时的世界将会是什么样子？人类到时候还会是这个世界的主人吗？

对于这些问题，我们必须提前思考，无论是人工智能“和谐论”，还是人工智能“威胁论”，现阶段都应该同样得到重视。如果人类始终认为自己能够像现在一样，通过关闭电源阻止人工智能的行动的话，那么很可能未来世界会像科幻电影中描述的那样，人工智能会对人类发起反抗。

如果问人工智能是从什么时候开始对人类反抗的，那么很可能是从它们学会“交流”时开始的。

在本书中，我们不仅探讨了人工智能的发展历史，人工智能的技术原理，还对现代企业对于人工智能的布局进行了介绍，当然在本书最后也介绍了人工智能时代中，人工智能的发展可能对人类产生的影响。

在了解了以上所介绍的这些关于人工智能的内容后，我们依然没有办法判断未来的人工智能将会发展成什么样子。其实，面对人工智能时代的到来，我们大可不必因为它可能会带给我们的负面影响而对其避而远之。

人工智能的发展已经成了现阶段的一个主要趋势，正如李彦宏所说的一样，互联网可能只是一道“开胃菜”，人工智能才是真正的“主菜”。那些没有赶上吃“开胃菜”的人，一定要抓住吃“主菜”的机会。

www.ingramcontent.com/pod-product-compliance
Lightning Source LLC
LaVergne TN
LVHW022118071026
849580LV00015B/2121
9787115480095